U0851366

编写说明

1. 本书所选家书，包括古代名人家书、老一辈革命家家书、革命烈士家书和近现代名人的家书，旨在通过家书原文及相关背景介绍，让读者体会到家风传承的重要性和必要性。

2. 所选家书文章按照内容不同分为：清廉俭朴；爱国奋进；谦恭仁善；忠孝传家。每个部分的家书篇目按照家书的写作时间排序。

3. 每篇文章包括家书人物简介、家书摘编、家书大意、家风故事等几个部分，并配有相关人物的图片。其中，家书摘编和家风故事是本书的主体。

4. 每篇文章的标题均来自家书原文。

5. 因家书作者的文字水平各异、语言习惯不同，家书原文中的有些词句略欠规范。为保持家书原貌，在不影响理解的前提下，对家书原文一般不作改动。

6. 家书原文中明显的错别字、异体字用〔 〕表示；（ ）里的文字为作者本人的注释；缺字、漏字用〈 〉表示。

7. 在写于二十世纪上半叶的一些家书原文中，“的”“地”“得”，“其它”“其他”，“做”“作”等的用法区分不太严格。在既保持原文面貌又不影响阅读的前提下，本书均不作改动。

8. 在个别家书原文中对父母等长辈称“你”“你们”，属于家书作者所在地区的语言习惯，并非不加尊敬，故未作改动。

目　录

第一章　清廉俭朴

第三章　谦恭仁善

第四章　忠孝传家

第一章　清廉俭朴

01

“受福则骄奢，骄奢则祸至”

——（西汉）刘向

人物简介

刘向（前 77—前 6），字子政，西汉楚国彭城（今江苏徐州）人，祖籍秦泗水郡丰县（今江苏丰县），汉朝宗室，先祖为丰县刘邦异母弟刘交。汉宣帝时，为谏大夫。汉元帝时，任散骑宗正、给事中，因反对宦官弘恭、石显下狱，免为庶人。汉成帝即位后，得进用，任光禄大夫，改名为“向”，官至中垒校尉。他是西汉经学家、目录学家、文学家，曾奉命领校秘书，所撰《别录》是我国最早的图书分类目录。代表作品有《新序》《说苑》《列女传》等。

家书摘编

告歆无忽：若未有异德，蒙恩甚厚，将何以报？董生有云："吊者在门，贺者在闾。"言有忧则恐惧敬事，敬事则必有善功，而福至也。又曰："贺者在门，吊者在闾。"言受福则骄奢，骄奢则祸至，故吊随而来。齐顷公之始，藉霸者之余威，轻侮诸侯，跂蹇之容，故被鞍之祸，遁服而亡，所谓"贺者在门，吊者在闾"也。兵败师破，人皆吊之，恐惧自新，百姓爱之，诸侯皆归其所夺邑，所谓"吊者在门，贺者在闾"也。今若年少，得黄门侍郎，要显处也。新拜皆谢，贵人叩头，谨战战栗栗，乃可必免。

家书大意

下面是为父对你的告诫，对这些话千万不要掉以轻心，要引起重视。

你没有什么出众的德行和才能，却得到朝廷

的重用，拿什么来予以报答？我朝的大学者董仲舒说过：“吊丧的人走到你家门前时，来贺喜的人也已经到了巷子口了。”这句话什么意思呢？就是说人如果能时时怀有忧患之心，谨慎行事，恭敬低调，那么就有可能会带来太平安宁。董仲舒又说过：“贺喜的人走到你家门前时，来吊丧的人也已经到了巷子口了。”意思就是人如果长期过着太平安宁的日子，不懂得珍惜，发展到沉迷于享乐的话，就会变得奢靡骄横，就很容易招来祸事，吊丧的人也就会上门了。当年齐国国君齐顷公刚刚上台时，仗着他爷爷齐桓公留下的威名，胡作非为，侮辱晋国使臣郤克，结果招致晋国讨伐齐国，齐顷公差点死在战场上，是靠伪装才得以逃走活命。这番景象，就好比董仲舒第二句话：“贺喜的人走到你家门前时，来吊丧的人也已经到了巷子口了。”而这位齐顷公兵败之后，得到许多人同情，自己也是痛定思痛，改过自新，受到百姓拥戴，其他诸侯国又纷纷归还了夺去的土地，这就好比董仲舒的第一句话：“吊丧的人走到你家门前时，来贺喜的人也已经到了巷子口了。”

现在你年纪轻轻，就已经做了黄门侍郎，这是一个很有前途的官职，所以许多人都会上门来贺喜，连许多权贵都会来。这个时候你就应该领会董仲舒两句话的意思，谨慎行事，才能免于灾祸啊！

家风故事

这封家书的作者刘向生活于西汉时期，那是一个刘姓为帝的王朝，刘向又是刘家皇室宗亲队伍中的一员，再加上其直系先祖刘交身份非同一般，乃是汉高祖刘邦同父异母的弟弟，这些背景决定了他生来就是大富大贵。

刘向并未因此染上享乐主义的风气，骄横跋扈，反而是俭朴廉洁，因为他的家风本就不在于坐享富贵，而在于追求学问。

刘邦早年厌恶读书，对于文墨之事不屑一顾，但他这位同父异母的弟弟刘交却是极为好学之人。刘交接受过良好的教育，曾拜战国思想家荀子的得意门生为师，他的朋友也多是同道中人。有意思的是，虽然刘邦不喜好读书，还曾侮辱儒生，却对这位博学的弟弟十分倚重，将其视为征战天下的左膀右臂。汉朝建立之后，刘邦又分封刘交做了楚王，辖有富庶的三郡三十六县。

刘交却无意于享乐，而是埋首于书堆之中，专心搞起了学术工作。他将以前那些朋友请了回来，在封国内大兴教育，很快这里就成为了西汉王朝的一个文化中心。刘姓皇室这一支系的好学家风也从他开始建立，在他的训诫教导之下，其子女不仅都接受了良好的启蒙教育，还纷纷拜于名师门下，后来多有以才学闻名天下者。当刘姓皇室其他支系的某些子孙开始靠吃先祖留下之老本和朝廷之照顾混世度日时，刘交的子孙却是在琅琅读书声中延续独有的一股文脉，也是其独有的一股家风。

这种家风传承到刘交的第四代子孙时，熏陶出了一个极富学者潜质的人物，他就是刘向。

因为特殊的出身，刘向年仅十二岁就可以入朝为官，成年之后直接被提拔为谏议大夫，主要工作是给皇帝当顾问，属于前途不可限量的职务。刚刚当上谏议大夫，刘向又被当时的西汉最高统治者汉宣帝看中，提拔到身边做亲信。这一次提拔的原因，倒与出身无关，而是与才学有关——有深厚家学根基的刘向，一口气写下了几十篇华美文章，献给汉宣帝，内容则多是歌功颂德。受到重用之后，刘向又拿出曾经看过的一本家传神秘学书籍，将其中的炼金术拿来献给汉宣帝，却不料实践之后炼不出黄金来，惹得龙颜大怒，差点就让其脑袋搬家。

不难看出，早年的刘向有着很强烈的功利心态，爱在皇帝面前表现，虽然好学却有拿学问谋私利的动机，以至于背离家风，自取其辱。一番打击之后，刘向痛定思痛，幡然醒悟，开始效仿先祖刘交，淡泊名利、俭朴生活，沉心于学问之中，他也因此再度得到汉宣帝重用。当汉宣帝离世之时，为下一位皇帝设计的核心决策圈中，就有刘向的位置。

可叹那接班的皇帝——汉元帝，却是一个懦弱无能之君，坐视宦官逼死先帝留下的大臣，然后又拱手将权力交了出去。在朝政紊乱、刘家天下起风雨的时刻，刘向是不能再安坐于书斋之中的，古代圣贤的微言大义告诉他，此时应该站出来，用他掌握的学问来匡时济世。

于是刘向站了出来，并发挥所长，以种种来自书中的道理和故事，劝说、警告汉元帝。但无奈汉元帝不听他的，反而惹得专权宦官恼怒，刘向两次被免职下狱，若不是他有皇室宗亲身份，只怕早就被谋害致死了。

待到汉元帝去世之后，新上台的汉成帝严厉打击宦官，事情似乎有了好转的可能。但问题是这位新皇帝打击宦官的办法是依靠外戚，等于前门驱狼、后门进虎。看到这种危险的刘向，忧心忡忡，又连连以古书中的道理和故事，劝说、警告汉成帝，但无济于事。

不仅无效，那新皇帝还开始大兴土木，生活奢靡，沉迷酒色。看到危险已经发展到亡国前夜的刘向，继续苦口婆心地上书，劝说、警告汉成帝，要懂得俭朴治国的道理，切不可腐化堕落。其结果依然是无效。

刘向眼看着刘家天下的风雨越来越多，王姓

外戚的子弟开始占据朝中要害位置。其中有一个名为王莽的年轻人，表面上看起来也是谦恭有礼、好学上进，但刘向却始终觉得有些不安，特别是当他的儿子与这个王莽过从甚密时，他的不安程度更加强烈。

刘向在这封家书中，提醒儿子一定要铭记“受福则骄奢，骄奢则祸至”的道理，不能忘记家风，其言下之意，就是警告儿子，不要与王姓外戚走得太近，更不要与王莽太过深入地结交。

但很可惜，他的儿子并未领会，逐渐背离了家风，以至于身死家灭。

这个名叫刘歆的儿子，也是在家风熏陶下成长起来的一位才子，在学术水平上不亚于其父，但他从一开始就很注重学问的“实用性”，其功利心远强于当年的父亲，还在一步步的迷失中将这种功利心发展成了政治上的野心。

如刘歆与王莽结交，绝不是出于单纯的学术目的，而是出于政治上的深远考虑。怀有“大志”的王莽需要他这样的人来宣传造势，而他也需要王莽上台后给他种种荣华富贵、显赫权势。

果然，待到王莽经历一番惨烈权力斗争、步入大权独揽的境界之后，刘歆得到了异乎寻常的重用和恩宠。重用的代价，除了要炮制歌功颂德的文章外，还要从书中搜罗各种能支持王莽篡权的证据，实在没有就胡编乱造。

刘向用书中的道理和故事劝谏皇帝行善政，刘歆则用书中的道理和故事来劝谏王莽篡位。无论当时西汉王朝是否已腐朽到需要一个姓王的救世主，这种做事的方法都很卑劣，都不是学者应为之事，更非刘家家风所能容忍。

刘歆如此而为的动机更加卑劣，不外乎就是想成为王莽所建立之新王朝的开国元勋、重点人物。他可是姓刘，而不是姓王，却在帮助外家坑害本家！

此乃家贼。

王莽登基之后，对于这位刘家家贼，一度给予了厚报，封其做了国师。但刘国师的好日子并未过多久，王莽就开始以各种理由收拾他，原因很简单，你知道的内幕太多，又是刘家人，我不得不防啊。

在这个被收拾的过程中，刘歆先后失去了两个儿子、一个女儿，他自己也是饱受屈辱，境遇每况愈下。

刘歆便逐渐生出了谋反之心。

可笑的是，刘歆谋反的根据之一，就是用一本家传的神秘学书籍，以类似算命的方式，推算出了一句预言："刘秀当为天子"，而他恰好在此前为了避免与一位汉朝已故皇帝的名字发生冲突，将自己的名字改成了"刘秀"。

这种从古书中推算出各种预言，然后当作谋反根据的事例，在当时比比皆是，王莽也就是这样上台的。作为这方面的高手，刘歆应该知道其可靠程度是多么的低，但他偏偏就信了，还就此继续推算，连何日发动谋反都推算了出来。

更可笑的是，刘歆自认为是天命所归，也不注意保密工作，竟然将如此"大逆不道"的言论散播了出去。当一群各怀鬼胎的投机分子聚集到他身边，称预言中所指"刘秀"就是国师大人时，他更是信心满满，全然不顾早已听到此预言的王莽，对这位国师已经起了杀意。于是，还没等刘歆动手，王莽就抢先动了手，谋反的人被一锅端，刘歆则在恐惧之中自杀身亡。

不知他死到临头之际，是否想起了父亲当年的那封家书以及书中所言“受福则骄奢，骄奢则祸至”的道理？

02

“吾家世清廉，故常居贫素”

——（南朝　梁）徐勉

人物简介

徐勉（466—535），字脩仁，东海郯（今山东郯县）人，南朝梁大臣、文学家。父徐融，曾为南昌相。幼年丧父，家孤贫，但早励清节。梁武帝在位时任吏部尚书，迁侍中，累官至中书令。徐勉勤于政事，不徇私情，又不营产业，家无积蓄，与范云同为南朝梁时的名相，世人并称“范、徐”。去世后，梁武帝赐谥号“肃”，意谓“执心决断”，世称徐肃公。徐氏后人为缅怀继承其高风亮节，将堂号定为“风月堂”。

家书摘编

吾家世清廉，故常居贫素，至于产业之事，所未尝言，非直不经营而已。薄躬遭逢，遂至今日，尊官厚禄，可谓备之。每念叨窃若斯，岂由才致，仰藉先代风范及以福庆，故臻此耳。古人所谓“以清白遗子孙，不亦厚乎。”又云：“遗子黄金满籯，不如一经。”详求此言，信非徒语。吾虽不敏，实有本志，庶得遵奉斯义，不敢坠失。所以显贵以来，将三十载，门人故旧，亟荐便宜，或使创辟田园，或劝兴立邸店，又欲舳舻运致，亦令货殖聚敛。若此众事，皆距而不纳。非谓拔葵去织，且欲省息纷纭。

中年聊于东田间营小园者，非在播艺，以要利入〔人〕，正欲穿池种树，少寄情赏。又以郊际闲旷，终可为宅，傥获悬车致事，实欲歌哭于斯。慧日、十住等，既应营婚，又须住止，吾清明门宅，无相容处。所以尔者，亦复有以；前割西边施宣武寺，既失西厢，不复方幅，意亦谓此逆旅舍耳，何事须华？常恨时人谓是我宅。古往今来，豪富继踵，高门甲第，连闼洞房，宛其死矣，定是谁室？但不能不为培塿之山，聚石移果，杂以花卉，以娱休沐，用托性灵。随便架立，不在广大，惟功德处，小以为好。所以内中逼促，无复房宇。近营东边儿孙二宅，乃藉十住南还之资，其中所须，犹为不少，既牵挽不至，又不可中涂〔途〕而辍，郊间之园，遂不办保，货与韦黯，乃获百金，成就两宅，已消其半……

兼吾年时朽暮，心力稍殚，牵课奉公，略不克举，其中馀暇，裁可自休。或复冬日之阳，夏日之阴，良辰美景，文案间隙，负杖蹑屩，逍遥陋馆，临池观鱼，披林听鸟，浊酒一杯，弹琴一曲，求数刻之暂乐，庶居常以待终，不宜复劳家间细务。汝交关既定，此书又行，凡所资须，付给如别。自兹以后，吾不复言及田事，汝亦勿复与吾言之。假使尧水汤旱，吾岂知如何；若其满庾盈箱，尔之幸遇。如斯之事，并无俟令吾知也。记云：“夫孝者，善继人之志，善述人之事。”今且望汝全吾此志，则无所恨矣。

家书大意

我们家的家风是世代清廉，生活一直很清贫。像购置产业这种事，不但没有做过，连说都没有说过。这是为父亲身经历的，一直到今天皆是如此。每每想到能获得如此高的职位，并非是由于为父才能出众，这完全是靠为父家清廉的门风以及祖宗的福德，才使为父获得的。古人说：教诲子孙清白做人，这是最丰厚的遗产；又说：留给子孙一箱黄金，不如传给他一部儒家经典。仔细想想这句话，绝不是空话。为父虽然比较愚钝，但也有自己的志向，就是希望将清白家风继承下去，不会中断。所以自从为父获得高位这三十年来，有的人劝为父置办田产，有的人劝为父开设店铺，又要为父置办一支船队搞运输，通过经商来积累钱财。对于这些建议，为父统统拒不接受。这并不是要像鲁国公仪子那样拔掉自家栽培的冬葵，去掉自家从事的纺织，做到为官不与民争利，只是为了免除一些不必要的纷争和烦扰。

为父中年以后姑且在城东经营一个小园，并非要在这个小园内种植谷物蔬菜以利别人，而是打算挖个池塘，种一些树木。以此寄托为父的情怀，赏心悦目而已。又因为郊外土地闲旷，今后可以用来建住宅。假如获准让为父退休，为父就可以在这里自由自在地生活。慧日、十住这些僧人，前来主持婚丧礼俗，也需要住地。为父家门风清廉，住房不多。为父所以要在城郊买个小园，就是为上述考虑的。这块小园的前面已经施舍割给宣武寺。小园失去西面这块地，已经不完整。但为父以为住宅不过是人生旅途上一个小客栈，何必那么奢华宏大呢？所以为父讨厌社会上说这里是为父的私宅。古往今来，豪门富翁一个跟着一个；高大门楼的上等府邸，房间连接着房间。但他一旦死去，这又变成谁的住宅？为父在东田小园内堆个小土丘，上面垒几块石头，种上果树，又栽一些花卉，作为休息日自娱之处。园内的园林修筑，主要用来作为精神寄托，并不刻意追求。不求广大，只求积善存德，小一些为好。因此园内环境狭小，并未建房舍。近来营造的园东面给儿孙的两处房舍，是借用十住和尚准备返回南方的路费。修建这两处房舍，需要不少花费。经费既没有出处，又不能半途而废。于是为父这个用来休沐之娱的东田小园便保不住了，卖给了韦黯，得到一百两银子，建好儿孙这两处房宅，已用去了一半银子……

为父已年老衰朽，身心气力皆已疲惫，处理公务已很勉强在规定时日内完成。其中如有空闲，才用来休息。或者在冬天的太阳下、夏天的阴凉处，良辰美景之际、处理公务闲暇之时，拄着拐杖穿着木屐，在简陋的园林馆中逍遥自在。到池塘边看游鱼，拨开林木听鸟鸣。一杯寡淡的酒，一曲琴音，追求一段时间的安乐，大体上以这种平常生活走完人生最后一段路。不适合再过问家中具体细务。为父这番交代之后，这封家书也送到你手中，其中说到的银两，为父另外交付。从此以后，为父再也不过问你们经营农田之事，你也不要同为父再说这些事。即使遇到唐尧时的大水或者商汤时的大旱，为父又不是大禹和汤王，为父能怎么办？假使管理有方，赚个盆满钵满，这是你等的幸运。即使遇到这样的事，也无须等候为父的意见。《礼记》上说：“所谓孝，就是善于继承父亲之志，善于完成父亲交代的事。”今日希望你能成全为父上述愿望，为父就死而无憾了。

家风故事

这封家书的作者徐勉乃是南北朝时期的人物。

所谓南北朝，乃是中国古代历史上的一段分裂时期，北方与南方各有若干割据政权的存在，故而名为南北朝。其中南朝，也就是存在于南方的割据政权，先后有四个，分别为宋、齐、梁、陈，其关系是后面一个推翻前面一个，徐勉即处于齐梁之间。也就是说他遇上了乱世中的乱世。

在当时的乱世之中，势力比较大的社会群体有几类，一类是士族，就是世代相传的达官贵人；一类是军阀，手握重兵，在乱世中拥有很强大的话语权；还有一类是庶族，即那些出身贫寒，主要靠自己能力和际遇发展起来的人物和家族。以家风而论，士族和军阀大多腐朽糜烂，充满了负能量，而庶族则偏向正面一些，那个时代的许多庶族名人都有很好的家风。

徐勉就是其中之一，所以他会在这封家书中告诉子孙许多清廉俭朴的道理，并不奇怪。

其先祖本来是北方人氏，因为战乱迁移到南方，长期处于社会下层，家境一直十分贫穷，祖父和父亲做过小官，都是两袖清风的类型，没有留下多少家财，但留下了很高的期望和很好的家风。这一点从徐勉的名字便可看出，其名“勉”，字“脩仁”，“勉”有努力之意，努力什么呢？努力去“脩仁”——修行仁道，也就是儒家主张的君子之道。所以徐勉在家书中所言“吾家本清廉，故常居贫素”绝非空言，而是有切实的家史根据。

在他幼年时，父亲便在贫病中去世，这个家庭也就失去了主要的经济来源，他的人生从一开始就是充满艰辛的。与许多杰出人物一样，贫穷并未让他放弃读书求学。在这方面颇有天赋的徐勉，六岁就能作出令人称道的文章，他成年之后踏入仕途，走的也是标准的庶族路线——靠自己的才学。

此时正值南朝齐的末期，统治阶层正陷入分裂之中，昏聩皇帝所代表的一派即将被锐意进取的一派所取代，具有讽刺意味的是，他们都姓萧。在萧家的内战中，徐勉选择的是后者。这个选择的因素很多，但肯定有一点，那就是后者相比于前者要清明得多。

特别是后者的代表人物萧衍，这个推翻南朝齐、建立起南朝梁的帝王，在早年是一位贤能明君，任用能臣，励精图治。其俭朴生活作风更是保持了一生，他不好酒色，穿粗布衣服，每日只吃一餐，且无荤腥，睡的“龙床”是与普通百姓一样的简陋，一床粗棉被盖两年……

物以类聚、人以群分，君臣亦是如此。徐勉忠诚于萧衍，萧衍亦赏识徐勉，南朝梁建立不到一年，就将其提拔至执掌机密文书的心腹之职，相当于皇帝的秘书。后来萧衍又调徐勉做吏部尚书，主管官员选拔工作。徐勉在这些职位上都是以“廉洁奉公”要求自己，为了处理公务日夜操劳，乃至有数十天不回家，一回家连家犬都陌生了，要上来咆哮的故事流传于世。而在他担任吏部尚书时，有许多前来“跑官要官”的人物，其中还有一些是他的故交好友，徐勉则从未有徇私之举，并留下一句名言：“今夕止可谈风月，不宜及公事。”（今天我们只谈其他事，但就是不可谈你来跑官要官的公事。）

既然深受重用，又执掌要害部门，于是便有“好心人”劝徐勉趁机捞一些好处，为子孙谋点福利，徐勉则正色回答道：“人遗子孙以财，我遗之清白。子孙才也，则自致辎軿；如其不才，终为他有。”——别家给子孙留下钱财，我家只会留下清白家风，如果子孙成才，那么就会自力更生，如果不成才，钱财留再多又有何用？他在这封家书中所谈“以清白遗子孙，不亦厚乎”“遗子黄金满籝，不如一经”也是同样道理。

徐勉的后代也不负父望，都是以清廉闻名于世。如其中一个儿子徐悱，就与父亲一样，自幼便习惯过清贫生活、磨砺志向、勤奋好学，他所结交的朋友，都是当时以修养和才学著称的名士。遗憾的是，这样一位好子孙，在三十来岁时不幸病亡。

徐勉为此悲痛欲绝，写下一首《答客喻》告诉友人，自己的悲痛，不仅在于失去了一个儿子，更在于失去了一份传承好家风的希望："今吾所悲，亦以悱始逾立岁，孝悌之至，自幼而长，文章之美，得之天然，好学不倦，居无尘杂，多所著述，盈帙满笥。淡然得失之间，不见喜愠之容。"（我之所以悲痛，也在于这样一个好儿子刚过而立之年，就不幸逝去。他很懂得孝悌之道，颇有才学，淡泊俭朴，无患得患失之心态，也没有喜怒无常之性情。）

03

“众人皆以奢靡为荣，吾心独以俭素为美”

——（北宋）司马光

人物简介

司马光（1019—1086），字君实，陕州夏县（今山西夏县）涑水乡人，世称涑水先生，北宋名臣、文学家、史学家。宋仁宗宝元元年（1038年）进士，经历北宋仁宗、英宗、神宗、哲宗四朝，为人谦恭，做官清廉，生活俭朴，学识渊博。主持编撰有中国第一部编年体史学巨著《资治通鉴》，此外还著有《稽古录》《涑水记闻》等书，在家训方面也有许多著述流传于世。因为其杰出的人格、官品、学问、家风受到世人敬仰，康熙皇帝称其为“求之历代亦不可多得”之臣。

家书摘编

吾本寒家，世以清白相承。吾性不喜华靡，自为乳儿，长者加以金银华美之服，辄羞赧弃去之。二十忝科名，闻喜宴独不戴花，同年曰：“君赐，不可违也。”乃簪一花。平生衣取蔽寒，食取充腹，亦不敢服垢弊以矫俗干名，但顺吾性而已。众人皆以奢靡为荣，吾心独以俭素为美。人皆嗤吾固陋，吾不以为病，应之曰：“孔子称‘与其不逊也宁固。’又曰：‘以约失之者鲜矣！’又曰：‘士志于道而耻恶衣恶食者，未足与议也！’古人以俭为美德，今人乃以俭相诟病。嘻！异哉！”

近岁风俗尤为侈靡，走卒类士服，农夫蹑丝履。吾记天圣中，先公为群牧判官，客至未尝不置酒，或三行五行，多不过七行。酒沽于市，果止于梨栗枣柿之类，肴止于脯醢菜羹，器用瓷漆，当时士大夫家皆然，人不相非也。会数而礼勤，物薄而情厚。近日士大夫家，酒非内法，果肴非远方珍异，食非多品，器皿非满案，不敢会宾友，常数月营聚，然后敢发书，苟或不然，人争非之，以为鄙吝，故不随俗靡者盖鲜矣。嗟乎！风俗颓弊如是，居位者虽不能禁，忍助之乎？

……

御孙曰：“俭，德之共也；侈，恶之大也。”共，同也，言有德者皆由俭来也。夫俭则寡欲，君子寡欲，则不役于物，可以直道而行；小人寡欲，则能谨身节用，远罪丰家。故曰：“俭，德之共也。”侈则多欲。君子多欲则贪慕富贵，枉道速祸；小人多欲则多求妄用，败家丧身，是以居官必贿，居乡必盗。故曰：“侈，恶之大也。”

家书大意

我出自一个世代俭朴清廉的普通家族，所以我自幼就对奢靡腐败十分反感。即便身边的许多人都崇尚奢靡，我也不改以俭朴为美德的态度。

古人都以俭朴为美德，今天的风尚却是以俭朴为弊病，真是奇怪！

近几年来这种喜好奢靡的风尚尤其流行，连那些并不怎么富裕的平民百姓也忙着攀比炫耀。我记得父亲司马池做官时，当时的风尚还是比较倾向于俭朴的，也没有人拿俭朴习惯当嘲讽的对象。但看看现在，却大不相同了，特别是官员，请客吃饭时大肆铺张浪费，排场很大，如果有哪一位不顺应这股“潮流”，就会遭到许多人的鄙视。可叹风尚败坏如此，官员虽然不能加以禁止，但怎么可以带头去推波助澜呢？

……

古代的圣贤曾说：“俭朴，是美德的基础，奢靡，则是恶行的根源。”有德者必然是俭朴之人。俭朴的话，就会减少欲望。地位高的人能做到俭朴，就可以不被物质利益所诱惑，能够走正道，维护正义，否则就会因为贪图荣华富贵惹上大祸。地位普通的百姓能做到俭朴，就能过平安日子，远离灾祸，否则就会为了获得超出其能力的物质享受铤而走险，以致家破人亡。贪欲之下，做官必然是贪官，做民就必然变成盗贼，所以说，俭朴是美德的基础，奢靡则是恶行的根源！

家风故事

司马光，一代名臣、大学者，仅仅是一部《资治通鉴》就足以让他彪炳千古。他为官四十余年，经历了四朝天子，一度官至宰相，也一度仕途遇挫，幽居书斋，但无论如何沉浮，他都始终不改自己做人、做官的本色，如其字“君实”之意：始终是一个脚踏实地、光明磊落的真君子。

而这种本色也正是司马光的家风本色，是他从家族先辈那里继承下来的精神财富，经过他发扬光大之后，又以家书、家训的形式传承给了后代。

这封家书就是司马光目睹当时北宋从上到下，普遍盛行奢靡腐败的风尚，为了训诫自己的子女，特意而作。其开篇就警醒子女，司马家族从来都不是一个奢靡腐败的家族，而是一个“世以清白相承”的“寒家”。

所谓“寒家”，也就是家境一般的平民百姓，其实这是司马光的谦虚之语。事实上，司马家族不仅不是“寒家”，家世还不是一般的深厚，其先祖可以追溯到三国时期一位名叫司马孚的人物那里去。这位司马孚乃是司马懿之弟，长期位列曹魏重臣，但性格谦恭温良，生活俭朴严谨，为官清廉。大约也就是从他那里，开始形成了司马家族的独特家风。而司马光身为史学家，自然知道这些事情，但他从不以此来自我拔高，自称“寒族”，正是传承了这种家风的体现。

司马光的父亲司马池，本来是一位继承了大量遗产的“富二代”，但他的兴趣却在于读书求学，认为人生不应该为外在的物质财富所牵累，遗产刚刚到手，就全部分给了亲戚族人。此后司马池就专心于学问，二十岁出头便考上进士，开始出仕为官。他做官不以求权求财为目的，而以为民谋福、为君分忧、为国解难为追求，充分发挥他的学识和才智。只是如此一来，两袖清风的他就与那些贪官污吏完全合不来，进而被当作了异己，一再下贬，从中央贬到了地方。到了地方上，这位清廉的能臣反而得到一展所长的机会，在政务上屡屡有出色表现，更为百姓排解了许多困难，留下了不少故事。

司马光就出生于这一时期。他自记事开始，受到父亲的启蒙和熏陶，其中极为重要的一部分，就是清廉俭朴的家风。而父亲的一言一行，更给他以无形中巨大的影响。

言传身教之下，司马光也逐渐成长为一位英才，虽然他早期的仕途不太顺利，常年坐冷板凳，做一些枯燥的文字工作，但他从无浮躁之气。如他在家书中对子女所言：他受家风影响，是寡欲之人，自然对于享乐、争权没有兴趣，别人看来他在坐冷板凳，他却认为是追求学问、磨炼心性的宝贵时光。

北宋开国之初，就定下“厚待士大夫”的政策，也就是“高薪养廉”。在这种国策之下，北宋官员普遍享有极其丰厚的合法收入。以司马光为例，他在未得到赏识重用之前，每年就有不菲的俸禄，还有衣服、米粮、茶酒、薪炭、盐、仆从等补贴，皇帝时不时下发的赏赐以及一百多亩朝廷提供的职田来当福利。

在这种国策鼓励下，北宋官员多喜好享受人生，于是便有许多奢靡代表出现，一顿饭不花个几百上千都不好意思招待客人。

司马光偏偏不喜好这一套，他一直是布衣粗食，钱财更多是拿来周济穷人，生平所好就是读书、藏书，在这方面，他倒是算得上天下首富，家拥数千册藏书，在千年前的时代，这可是相当惊人的数字。

当时还有一个人，与他同样俭朴，这个人就是王安石，两人因此成为好友。

北宋普通官员的收入都堪称富翁级别，那么做到中央高官乃至宰相，那收入就是天文数字了。但司马光对此不仅不喜，反而越来越忧，他觉得老百姓辛辛苦苦创造出来的财富，都被北宋王朝这架有问题的国家机器通通输送给官僚了。

这就是他在家书中回忆父亲司马池时期，官僚普遍俭朴，而到了现在，官僚则普遍奢靡的原因。他反复上书，要求朝廷作出表率，大兴俭朴之风，节省各种开支，少把那些民脂民膏拿来供养官僚，他们的收入已经够高的了。为此，司马光还提议官员应该主动退还朝廷封赏，拿去做一些利国利民的事情，并带头要将自己的那份先捐出来。虽然他是一片清廉之心，却敌不过奢靡腐败的皇帝加上一大群同样奢靡腐败的官僚，不仅拒绝建立退赏制度，还拒绝了他个人的退赏举动。司马光就将这些退不回去的金银钱财，拿来充作了他所在单位的办公经费以及接济穷人之用，反正他自己是不会用一分一毫的，他也用不着。

又如当时官员盛行买美女当小妾，甚至嫖妓，司马光却终身不娶一妾，只与他的结发妻子相守，在一夫一妻多妾的古代，这是极为罕见的事情，南北两宋的文臣武将之中，也不过王安石、岳飞两人能和他一样。而他的结发妻子因为没有生下子嗣自觉有愧，还想方设法给丈夫找来美女当小妾，却被司马光厉声斥退。

再如司马光后来做到宰相时，还是未曾买下一栋豪宅来当府邸，依旧蜗居在偏僻陋巷中。房间不够用，他就造出一个地下室来，冬暖夏凉，倒也舒服。当时那些崇尚奢靡之徒以此为笑谈，造出段子——“王家钻天，司马入地”，意为当时另一大臣王某某的房子都要高到天上去了，司马光却穷得往地下钻。

这位穷得钻地的宰相，入不得奢靡之徒的眼，在百姓那里，则是一位清廉坦荡的好官、难得的好官，以至于有“天下以为真宰相”的说法——这样的人，才是真正的宰相！

后来还有传说，称其子孙在北宋末年战乱时碰上强盗，慌忙之下报出了司马光的名号，强盗立马痛哭流涕，说国家若多有几个司马光，何以覆灭于金国之手！可以想象，在这个传说中，要是那子孙的先祖是那位房子高到要上天的官员，会有什么样的遭遇。

“众人皆以奢靡为荣，吾心独以俭素为美。”这句出现在司马光家书中的话，不是人人都有资格说得起的，只有如司马光那样一身不改清廉俭朴本色、勤勤恳恳的人才配得上。世人敬仰的，实际上也并不是他这个人，而是他所具有的这种高尚品格，这种精神风貌，这是一种无论做官、经商还是为民，都不可或缺的本色。

04

“吾在官所，除饮食物外，不曾买一物”

——（北宋）欧阳修

人物简介

欧阳修（1007—1072），字永叔，号醉翁，“六一居士”，吉州永丰（今江西省吉安市永丰县）人，北宋名臣、文学家、史学家。宋仁宗天圣八年（1030年）进士，经历北宋仁宗、英宗、神宗三朝，在政治上多有作为。在文学上影响力更大，他是北宋一代文坛领袖，与韩愈、柳宗元和苏轼合称“千古文章四大家”，又与韩愈、柳宗元、苏洵、苏轼、苏辙、王安石、曾巩合称“唐宋散文八大家”。在史学上也有较大成就，著有《新五代史》传世。他还提拔发掘了包括苏轼在内的一大批青年才俊，也留下了许多严格教导子孙的家训书信，是一位才华横溢又品格高洁的历史人物。

家书摘编

自南方多事以来，日夕忧汝，得昨日递中书，知与新妇，诸孙等各安，官守无事，顿解远想。吾此哀苦如常。

欧阳氏自江南归朝，累世蒙朝廷官禄，吾今又被荣显，致汝等并列官裳，当思报效。偶此多事，如有差使，尽心向前，不能避事。至于临难死节，亦是汝荣事；但存心尽公，神明亦自祐汝。慎不可思避事也。

昨书中言欲买朱砂来，吾不阙此物。汝于官下宜守廉，何得买官下物？吾在官所，除饮食物外，不曾买一物，汝可安此为戒也。

家书大意

自从南方发生战乱以来，我就日夜担心你的安危，直到昨天才来了消息，得知你与家人都平安无事，才解去了我心中的忧惧。

我们欧阳家族自从归顺北宋王朝起，就世代蒙受恩惠，得以担任官职，享受朝廷俸禄，今天我又受到朝廷重用，让你也得到进入政坛的机会，应当时时不忘国家之恩，时时不忘报效之责。现在正遇上国家有事，如果有任务交代下来，不能推诿逃避，要尽力去完成，为国家分忧。哪怕因此牺牲，以死殉国，那也是你的荣耀。只要一心奉公，别无私念，神明自然会保佑你的，绝不可有逃避思想。

上次你在书信中说，要给我买一些当地特产，我用不着这些东西。你做官，应该以守廉为本，哪里来的钱财去买这些东西？我做官，除了基本的衣食需求外，从未买过一点奢侈享受之物，你要引以为戒啊！

家风故事

这封家书乃是欧阳修作于宋仁宗皇祐四年（1052 年），对象是一个在南方当官的侄子，名为欧阳通理。当时南方爆发叛乱，欧阳修十分担心侄子和其家人安危。按照一般人的思维，欧阳修应该在家书中“提醒”侄子，安全第一！尽可能远离危险，尽可能保住身家性命。甚至可能还有人认为，欧阳修应该立即“运作”，把他的侄子从危险之地调回来，即便不能回京城，起码也要去一个远离战火的太平乐土嘛。

然而，欧阳修虽然在家书中表示自己很担心侄子一家人的安危，却同时表示自己更担心侄子会为了保命，逃避为国尽忠的义务，对不起国家给予的恩惠，辱没家门。

更令人深思的是，在这种情况下，欧阳修还不忘提醒侄子，不要忘记廉洁二字，要学习自己为官的风范，无论何时，都要保持俭朴作风，都要做到俭以守廉。

侄子身陷战乱之地，做长辈的却还在谈廉洁

奉公？这样一封看起来似乎很有些“不合时宜”的家书，其实正是欧阳修本人做官做人准则及其家风精神的反映。“廉洁奉公”四个字，也正是欧阳修写给子女的许多家书中一个不变的主题。

如在写给另一个侄子的家书中，他就重点提醒这位刚刚得到官职，即将上任的子孙：“汝孤寒，曾受辛苦，知道官职难得，每事当思爱惜，守廉、守贫、慎行刑，保此寸禄而已。”——你自幼饱受穷困之苦，那么就应该珍惜官职的来之不易，要不忘本，时时守住廉洁俭朴的底线。

不仅在家书中屡屡提醒子孙廉洁奉公，平时的社交中，欧阳修也经常以此来提醒别人。他是朝廷重臣，天下文宗，四方慕名而来的人很多，但欧阳修很少与他们谈论文章之道，倒是经常谈做官之道，只不过不是谈如何走后门、拉关系，而是“廉洁奉公”。很多人以此为怪，认为欧阳修应该教他们写文章，以考取功名做大官，欧阳修则表示：“吾子皆时才，异日临事当自知之。大抵文学止于润身，政事可以及物。”——你们确有才能，将来自然有为官一方的机会。而读书作文的目的，不过是为了个人的修身养性，但廉洁奉公的道理，却关乎百姓祸福，孰轻孰重，还不明白吗？

这种重视廉洁奉公精神的家风，并非欧阳修一人的创造，如同他在家书中对侄子所言，这是欧阳家族世代所传承下来的宝贵精神遗产。

欧阳家族之先祖，乃是威震春秋时期的越王勾践，其族一度兴盛，传到唐朝末年，因为战乱衰落下去，直到北宋王朝创立，欧阳家族之中才开始又有人入朝为官，无论官职高低，都是不改清廉俭朴之色。

如欧阳修之父欧阳观，虽然仕途并不顺利，一生所任最高官职也不过六品，却颇有廉洁奉公之名。他的主要职务，是负责一些审判刑罚之事，虽然看似官职不大，却因为掌有生死大权而有许多贪污受贿的“便利”。但欧阳观不仅从无这方面的劣迹，还时常从人道主义和公平正义的立场出发，尽量减少冤假错案，以免枉杀好人，放过坏人。他曾在绵州（今四川绵阳）任职数年，调任之时，他并没有像此前一些同僚那样，离开蜀地之前大肆购买一些当地土特产，因为他是两袖清风，无钱可使。他还有一句名言：“毋以是为我累”，意为不要让我为金钱所拖累。

欧阳修是欧阳观五十余岁时所得之子，而欧阳观又在儿子四岁时去世，看似并未给予儿子直接的家风影响，实际上却是影响至深。因为欧阳修的母亲将欧阳观为官做人的故事，作为家教材料全部讲述给欧阳修听。须知父亲由于清廉，去世之后并未留下什么余财，相依为命的母子二人生活十分艰难，甚至连笔墨纸砚都买不起，欧阳修的童年教育是以芦苇秆在沙地上写字的方式进行的。穷困煎熬之中，母亲一直鼓励欧阳修发愤学习，传承欧阳家族不怕穷只怕不公不廉不正的精神。

欧阳修在多年后为父母所作的一篇纪念文章中，回忆了许多幼年时母亲对自己的家风教育，如：“吾儿不能苟合于世，俭薄所以居患难也。”——我的儿子不能与那些不好的世俗风尚同流合污，要始终保持俭朴清廉的家族本色，才能无惧人生路上的高低起伏。后来欧阳修卷入朝廷政治斗争，被外贬他乡，他的母亲却不以为忧，表示："汝家故贫贱也，吾处之有素矣。汝能安之，吾亦安矣。"——你本来就是穷人家的孩子，一直过的都是俭朴生活，从繁华京城贬到穷乡僻壤，有什么可担忧的？

在这种教导之下成长起来的欧阳修，从走上仕途开始，就以清廉奉公为做官的准则，无论是在皇帝身边还是主政地方，都没有打过一点折扣。

如他曾被皇帝委以重任，到产盐大地去当官。盐在古代是一种极其重要的战略物资，也是国家税收的大头，自春秋时期开始，历代王朝就以中央权力加以管控，是为"盐政"。重要之物往往也就是暴利所在，历代的贪官污吏很多就与"盐政"有关，北宋王朝也不例外。皇帝派欧阳修去治理盐政，是出于对其廉洁奉公官品的信赖。欧阳修到了地方，则是从不理会贪官污吏、盐商盐贩的拉拢，始终保持清廉本色，同时又以国家律法行事，严治盐政，直到其调任之时，连贪腐的谣言都没有传出一个来。

天下人皆知欧阳修廉洁奉公之名，要造他的谣，可不容易。

对于那些贪赃枉法之徒，欧阳修则是毫不留情。如当时有一个惯于钻营的小人，名为吕绍宁，刚刚到某地上任，就搜刮了大量钱财，宣称这是地方财政的富余，要上交朝廷，以显示他的政绩。欧阳修得知之后十分气愤，立即上书质疑：

“臣风闻转运使吕绍宁才至淮南，便进见钱十万贯，不知是否？臣见兵兴以来，天下困弊者，非独备边之费，半由官吏坏之……不知绍宁才至淮南，用何术，于何处，得此钱以进……苟涉欺妄，乞赐重行朝典。其所进钱，伏乞圣慈拒而不受，以彰朝廷均恤外方，防御奸吏刻剥之意。”其大意是，我听说吕绍宁刚到地方上当官，便宣称能上交十万贯钱的“财政富余”，这是真的？以我的所见所闻，造成国家财政问题的原因，往往就在于某些官吏贪污腐败，不知道吕绍宁是不是也用了这些官吏的卑劣手法，搜刮到了这些钱财，残害百姓，欺瞒朝廷，还请朝廷不要贸然接受这笔钱财，调查清楚之后再说！

果然，朝廷稍一调查，就发现了这个吕绍宁的真面目，很快此人就被绳之以法了。

虽然北宋王朝之腐败是大趋势，是开国皇帝赵匡胤立下的国策导致，欧阳修那样的好官、清官终究是少数，他改变不了北宋官员集体腐败的现实，但他却能保持住欧阳家的清廉家风，并传于子孙。公道自在人心，这样一位贤者，自然会让天下人敬仰，自然会留英名于史。

05

“俭以惜福，谦以守身，孝以事亲，公以承家”

——（明）李应昇

人物简介

李应昇（1593—1626），字仲达，号次见，明朝南直隶江阴人，万历四十四年（1616 年）中进士，授南康推官，以清廉严正、不畏权贵著称。天启四年（1624 年），李应昇密修阉党魏忠贤十六罪状，代东林党首领左都御史高攀龙作《劾崔呈秀疏》，以声援杨涟等东林党人，遭阉党痛恨。天启六年（1626 年）三月被东厂逮捕，被捕之时，常州城聚集数万居民，为其鸣冤。被害前一日，他给儿子写下一封遗书。崇祯初年平反，追赠太仆寺卿，谥忠毅。

家书摘编

吾直言贾祸，自分一死以报朝廷，不复与汝相见，故书数言以告汝：

汝长成之日，佩为韦弦，即吾不死之年也。汝生长于官舍，祖父母拱璧视汝，内外亲戚以贵公子待汝，衣鲜食甘，瞋喜任意，娇养既惯，不肯服布旧之衣，若长而弗改，必至穷饿，此宜俭以惜福，一也。

汝少所习见，游宦赫奕，未见吾童生秀才时，低眉下人，及祖父母艰难支持之日也，又未见吾囚服被逮，及狱中幽囚痛苦之状也。汝不尝胆以思，岂复有人心者哉。人不可上，物不可凌。此宜谦以守身，二也。

祖父母爱汝，汝狎而忘敬；汝母训汝，汝傲而弗亲，今吾不测，汝代吾为子，可不仰体祖父母之心乎？至于汝母，更倚任人？汝若不孝，神明殛之矣。此宜孝以事亲，三也。

吾居官爱名节，未尝贪取肥家。今家中所存之业，皆祖父母苦苦积累。且此番销费大半。吾向有誓愿，兄弟三分，必不多取一亩一粒。汝视伯如父，视寡婶如母，即有祖父母之命，毫不可多取，以负我志。此宜公以承家，四也。

汝既鲜兄弟，止一庶妹，当待以同胞。倘嫁中等贫家，须与庄田百亩。至于庶妹母，奉事吾有年，当足衣食，拨与赡田，收租以给之。内外出入，谨其防闲。此桑梓之义，五也。

汝资性不钝，吾失于教训，读书已迟，汝念吾辛苦，励志勤学。倘有上进之日，即先归养，若上进无望，须做一读书秀才，将吾所存诸稿简籍，好好诠次。此文章一脉，六也。

吾苦生不得尽养，他日伺祖父母千百岁后，葬我于墓侧，不得远离。

家书大意

我因为上书直言遭到奸佞所害，如今只有以死来向朝廷证明自己的忠节，故而不会再与你相见了，特留下书信一封。其中都是我对你的告诫和提醒，当你将来长大成人之后，还能记得这些话，并一直不忘，那我也就死而无憾了。

第一，你是官宦子弟，一家人都很宠爱你，你也从未吃过什么苦，一直过着锦衣玉食的生活，可谓是娇生惯养，养出了种种不好的习惯和毛病，你如果不能改正，不养成俭朴清淡的生活态度，那么你将来一定会穷饿交加。节俭才能守福，切记啊！

第二，你自幼所看，都是为父做官时的显赫与荣耀，却没见过为父以前的辛苦和磨难以及我们家先祖经历的种种波折，更没有见过今天为父被关在大牢之中的凄惨景象。如果你不能去反思一下这些事情，又怎么能成为一个坚强的人、健全的人呢？又怎么能改掉你的骄横，学会谦恭呢？

第三，爷爷奶奶宠爱你，你却对他们不够尊重，母亲教导你，你却抱以傲慢和疏远的态度。如今为父遭遇大祸，身陷牢狱，家中只剩下你一个男子，要承担起奉养爷爷奶奶和母亲的重责，他们不依靠你，还能靠谁？如果你还是这样的不孝，那么上天都会来惩罚你的。

第四，为父做官，首重名节，以清廉为本，从无贪腐之举。我家的家产，都是历代先祖辛辛苦苦、省吃俭用积攒下来的，经历过此次大难，也折损了大半。为父曾经立誓，家产将来要在三兄弟之间平分，绝不多拿一分一毫。所以你要像对待父亲一样对待自己的伯父，像对待母亲一样对待自己的婶婶。即使爷爷奶奶在分家时偏袒你，你也不能违背我的誓言，多占强占，要以公平坦荡的心来处理家产。

第五，你没有兄弟，只有一个妾室所生的妹妹，所以就应该好好待她。如果妹妹将来出嫁的人家经济情况不是太好，那么就要拿出一百亩田地来当陪嫁。至于妹妹的母亲，你也要好好对待她，分给她足够的田地用来养老。而且平时在家要注意礼仪规矩，不得有任何怠慢之处。

第六，你并不是愚钝之人，但由于为父的原因，你的启蒙教育并不好，很晚才开始读书学习。你以后要像为父当年一样，发愤学习，假如有考取功名的一天，也要先回家侍奉父母，尽到孝道。如果没有这个可能，那也不要放弃学习，把为父留下的书稿好好整理一下，这关系到我家的文脉能否传承下去。

为父的人生遗憾，就在于不能为父母养老送终。将来等到你爷爷奶奶过世之后，一定把为父葬在他们坟墓的旁边，不能远离他们。

家风故事

这封家书的作者李应昇，是明朝晚期的一位官员，家书写作时间则是他临死前，是为遗书，遗书的对象是他的儿子李逊之。

这封遗书并未重点谈遗书通常的主题——家产如何继承、划分，而是聚焦于告诫儿子如何成长为一个德行高洁之士，并从六个方面进行了阐述。除了内容的独特之外，其言词也是有别于一般的遗书，真切平实又大义凛然，并无一个临死者对于死亡的恐惧和对于生存的乞求。字字读来，一个不畏奸佞、慷慨赴死的廉洁之士跃然于纸上，让人顿生敬佩之情，更感受到从他身上散发出来的一股强烈的家风气息：清廉俭朴、谦恭仁善、孝老敬亲、好学上进……

那么残害李应昇至死，也就是在这封遗书中提到的奸佞是谁？他就是魏忠贤。

历史上“大名鼎鼎”的宦官，权倾一时，号为“九千九百岁”，许多官员千方百计地巴结他，甘愿为之做奴，李应昇却偏偏要站出来，连连上书，揭发此人诸多罪恶，即便遭到打击迫害，受尽酷刑，依然没有屈服，直到踏上刑场，以热血洒于黄土而始终无悔。

自古清廉与贪腐势不两立，忠臣难与奸佞同朝，李应昇的家风，更与“九千九百岁”大人截然不同。

李应昇的先祖并非中原人士，而是跟随蒙古帝国大军征战四方的色目人，是习武的。元朝建立之后，其先祖被分封到了江南一带，改了汉姓为“李”。一同改变的还有家学，此前学的都是行军打仗、骑马射箭的本事，定居江南之后，这个家族开始转向耕读传家，并逐渐以学问闻名于当地，出了许多博学之士。世代子孙都在圣贤书中长大，一股崇尚“修身齐家治国平天下”的家风也逐渐养成。在这种家风中，清廉俭朴正是核心元素之一，同样位居核心位置的，还有对于贪腐、奸佞的零容忍。如果李家人出仕为官，那么必然会是清官廉吏。

然而，李家历代先祖却迟迟得不到一个官位，学问渊博的他们，并不擅长科举考试，如李应昇的曾祖父李诩，一生经历七次落榜，最后只有放弃。

直到李应昇的出现。这位李家子孙二十四岁时就考上了进士，开始出仕为官。他的第一个官职是推官，负责法律案件事务。此职看似不大，却掌握人之生死，故而多有贪赃枉法的事情发生。一些庸碌之徒更是只管捞钱，不管判案，导致沉案越来越多。李应昇到任之后，既不受贿放过一个坏人，也不呆坐堂上不管百姓冤情，而是在不到一年的时间里，就将此前积压近三十年的一千六百多件沉案审理完毕，赦免了十九个无辜者，惩处了多名罪大恶极、有保护伞的“地头蛇”。百姓因此称呼他为包公再世。

李应昇由此引起朝廷注意。那刚刚登基的少年皇帝朱由校，此时还未以其顽劣天性凌驾于王朝之上，为政还算有方，所重用的官吏都是清廉干臣，其中便包括李应昇这样的人。

李应昇被调往都察院，任御史，其职务就是监督官员，检举奸佞。

很快，一个需要御史去检举的奸佞就出现了，他就是魏忠贤。

此人本是一个市井流氓，根本就谈不上什么家风，硬要说有的话，那也是极为卑劣的那种。当他因为赌博输了个精光，走投无路之时，竟然挥刀自宫，以“成年太监”的身份混入了皇宫。然后靠着他的狡诈善变，逢迎拍马以及种种难以让人启齿的龌龊勾当，他与皇帝的奶妈攀上了交情，而且过从甚密。

这个奶妈也不是寻常角色，虽是下人身份，却凭借与皇帝的暧昧关系，竟然被封为所谓的“奉圣夫人”，地位比皇帝生母还要高，若不是朝臣反对，皇帝大有将她封为母后的可能。魏忠贤开始崛起。

在他崛起之前，包括李应昇在内的诸多正直臣子，就对皇帝过度宠信魏忠贤的现象提出了警告，并以明朝开国皇帝朱元璋所立严禁宦官干政的遗训来劝导，无奈你越劝，皇帝越宠信他。到这位皇帝终于忍不住自己的顽劣天性，忙着去搞他的木工活，将朝政都丢给魏忠贤之后，开始以“九千九百岁”自称的这位大宦官，就开始对那些正直臣子挥起了屠刀，其中便有李应昇。

在李家家风浸染下成长起来的李应昇，自做御史开始，就被号为“铁面”，极有威名，这种威名正是源自于他的清廉，清而生正，廉而生威。一些“抓紧时间”投靠魏忠贤的官员，包括一些御史中的败类，则视他为大敌。

如魏忠贤麾下有一爪牙，名为崔呈秀，位居御史，不思为国进言、弹劾奸佞，却大搞贪腐。在得知李应昇已经准备检举他之后，这个败类连夜跑到李应昇门前，痛哭流涕，乞求饶命。在得到一顿训斥之后，这位御史大人掉头跑到魏忠贤那里，开始谋划如何迫害李应昇。

李应昇被诬告与“东林党人”勾结，东林

党人是明朝后期的一个士大夫群体，其中多为江南人，出了很多的义士，也是魏忠贤的眼中钉。与这个群体扯上关系，那也就是上了魏忠贤的黑名单，结果李应昇很快就被革职回家。

回到家中后不久，就传来魏忠贤对“东林党人”的屠杀噩耗，李应昇自知他也难逃一死，但从未在家人子女面前表露过恐惧之意，李家也并无因此有恐惧悲切之人，恰恰相反，许多李家人还做好了为忠孝而死的准备。

先离开他们而去的一位，是李应昇的姑父，他被捕入狱之后，惨遭酷刑，体无完肤，十指全脱，痛骂奸佞至死。

然后就是李应昇。

当魏忠贤的爪牙前来捕捉他时，李应昇坦然与家人告别，其父李鹏翀也是同样坦然地告诉他：“行矣！国有忠臣，我有孝子矣！”（去吧，从此国家多了一位忠臣！李家多了一位孝子！）伯父李如一则告诉他：“李氏有人矣！”意思与其父一样，都为李家又出现一位忠臣义士而欣慰。

入狱之后，李应昇所面对的审判官是谁呢？正是那位崔呈秀。

接下来的事情可想而知，崔呈秀对李应昇施加了极其残酷的刑罚，其中包括所谓的“红绣鞋”——以一双烧得通红的铁鞋强行套在李应昇的双脚之上……

而李应昇却在双脚几乎已经化为灰炭的状态下，给儿子写下了这样一封遗书，一封饱含家风精神的遗书。

其子怎可不从？怎能不从？怎敢不从？

明朝是一个酷烈而黑暗的王朝，但明朝从来就不缺少忠臣义士，他们是中华民族的脊梁，也是中华民族的英雄。

我们应该记住李应昇，他就是这样一位英雄。

06

“养俭约之心，损无益之费”

——（清）丁宝桢

人物简介

丁宝桢（1820—1886），字稚璜，贵州平远（今织金县）牛场镇人。淮军名将，晚清名臣，洋务运动代表人物，曾主政四川、山东、湖南等地。其为官清廉、严正，不惧权贵，曾诛杀慈禧太后宠信的太监安德海。在四川他曾严厉打击贪腐，革除弊政，创办四川机器局，治理都江堰，为国家、百姓谋利甚多。其生活俭朴，慷慨好施，去世之后，因为穷困，竟然差点无钱下葬。

家书摘编

尔在晋可谨。凡谨慎，第一要好好调养身体，比身体结实而后能做事也。至于做官，一切补、署，自有天定，不可强为。我们只尽其在己，何谓尽己？不怠惰，不推诿，不轻忽，不暴躁，而又歉以处己，和以待人，忠厚居心，谨慎办事，如是而已。其余一切非本己所可必，不必营求、焦急，徒自损心力。此居官之要，尔其志之！如将来或补或署，则须刻刻以爱民为心。遇有词讼各事，民事即己事，切不可忽略延玩。然此尚待后来，今日则不及此。惟此心须存于未经补署之先，临时更加内省耳……山西各物昂贵，诸事不甚方便，此最好事。百物昂贵，则少买，可以养俭约之心；诸事不方便，则少打算，可以损无益之费。故人谓此地不好住，我则谓此地正宜住也。试思从前我们在家时，一家大小仆妇人等，亦有三四十口，而祖父每年所用至多不过四百金。其间穿衣吃饭，不过不人人穿绸缎，而布衣则每人总有二件；不过不人人吃肉，而每日二三斤肉，亦终年必有，究未尝十分减色。今日我等做官，动辄花费数千金，果有益乎？无益乎！不过暴殄作孽耳……家用务宜节省，肥浓易于致病，不如清淡之养人。华服适滋暴殄，不如布衣之适体……为人只要不饥不寒，即是天地间一大福气。试看做官之家，奢侈无度者，究有几人可以长久？即此以思，则视人之膏粱文绣，不啻浼身之具矣，尔其志之！吹烟一事，千戒万禁，决不可染，万万勿忘，为嘱！

家书大意

你在山西做官，要时时处处谨慎行事，并首先注意身体的健康，这是做事的基础。在做官的事情上，不要计较官名大小，但求自己尽到责任，问心无愧。具体怎么讲呢？那就是不懒惰，不推诿，不轻视，不暴躁，平和待人，忠厚为本，谨慎做事。切忌不要钻营投机，那样往往是白费心机。如果将来得到升迁，有主政一方的权力，那就要时时刻刻以民生为重……山西的物价比较高，看起来很有些不便，其实正是好事。物价高，那就只有少买，少买就能养成俭朴习惯，也能少一些送礼请客的花销。所以别人说这里物价高不好，我却认为好得很呢！想想从前我们家，上下三四十口人，但在你爷爷安排下，每年花销也不过四百金。当时一家人都不穿那些锦绣衣服，但布衣每人都有两件；也不是每人天天都可以吃肉，但每年过年时必然是大家都有肉吃。到了现在，做官之后，动不动花费就是数千金，这是在作孽啊！居家要注意节约，譬如饮食过于精美反而容易惹病，粗茶淡饭反而有益于养生，衣服过于华丽容易滋生奢靡，而且不如布衣穿起来方便舒适……人生一世，只要不受饿不受冻，就已经是很有福气了。你看看那些官宦家庭，奢靡度日的，有几家能保长久的安泰？此外，切忌不能染上抽大烟的恶习，一定要记住！

家风故事

这封家书是丁宝桢在五十七岁时所写，对象是他的长子丁体常，内容主要是训诫儿子要清廉为官、俭朴生活。

丁体常当时被朝廷调往山西任职，刚刚到达，便收到了来自父亲丁宝桢的这样一封家书，可见后者对“清廉俭朴”的重视。儿子一踏上仕途，就立刻敲起警钟：为官之道，重在“养俭约之心，损无益之费”。

那一年为清朝光绪二年（1876年），其时已是王朝晚期，官吏腐败程度，相较于林则徐的年代更加严重。丁宝桢时任山东巡抚，此职在清朝官吏序列中排第二等级，手握一省军政大权，其中包括盐政，这在贪官污吏眼中可是一个聚宝盆。那么在家书中严训儿子要“清廉俭朴”的丁宝桢，处于这样一个环境和这样一个位置上，自己到底做得如何呢——廉刚有威。

这是丁宝桢离世之后，其墓志铭中的一句话，也是上自朝廷、下到百姓对他一生的公论，更是对其家风的公论。

丁宝桢出身于贵州一个地方上的大户人家，世代以诗书传家，先祖之中，做官的人并不多，但都是博学之士。丁宝桢自幼也受到了良好的启蒙教育，据其年谱记载，他五岁时就开始在父亲指导下阅读一些难度颇高的古代典籍，八岁时就能作诗，十岁时已能写文章，可谓神童。

父亲在教授丁宝桢文化时，特别强调："自今作文，专习名家，勿学时墨，坏文品"，大意为学写文章要学古今圣贤大才，不可学一些低俗的流行之作。这句话看似就学习而言，实则另有深意。古人求学之目的，在于"修身齐家治国平天下"，圣贤书中所载，也基本上都是与之相关的道理，其中又以修身为根本，修身又以修德为根本，而清廉、俭朴，正是读书人的必修之德。至于那些低俗的流行之作，就未必是在讲述这些道理了，如同今天的一些所谓畅销书，内容往往都充满了狂躁和虚幻。故而，丁宝桢的父亲告诫他不能"坏文品"，其实也就是在告诫他不能"坏人品"。丁家家风由此可见一斑。

虽然家教水平很高，丁宝桢本人也很有才学，但在僵化的科举考试面前，他磕磕绊绊走了十年，才考上一个进士。正当他要踏入仕途时，又遇上战乱，兵祸殃及他的家乡。这位已经年过三十的丁家子孙，当时准备带着族人们弃家而逃，不料他的妻子阻止了他：“为丈夫，顾不能出一策，保护乡里耶？”一语惊醒了他。

于是他就变卖自家家产，发动族人，招募了八百余名勇士，自行成军，保卫家园，并接连取得胜利，开始引起朝廷的注意。这个本应该去做文官的书生，就这样走上了另外一条道路。他那位深明大义的妻子，自然也是受丁家家风影响许久，从她口中说出来的那句话，令人赞赏，更令人深思。

此后丁宝桢参与了诸多战役，并以军功脱颖而出，步步高升，成长为晚清时代的一位重臣，与曾国藩、李鸿章等人齐名，到给儿子丁体常写这封家书时，他已在山东巡抚的位置上干了近十年。

这是一位行事风格大大有别于其他地方大员的巡抚。

如在治理黄河一事上，丁宝桢就有特异表现。对于这条时常泛滥成灾的大河，相关的晚清官员大多采取推诿回避的态度，如专司防洪之事的时任河道总督乔松年，就坐视山东境内黄河堤坝溃决而不理。丁宝桢则是亲往决口，详细考察之后，定下一个妥善之法，然后火速实施，不到两个月，便堵塞决口。

后来年久失修的黄河堤坝又有一处决口，河道总督乔大人自然是不要指望了，丁宝桢又是亲自上阵，将巡抚衙门搬到决口处，日夜督促，以两个月时间封堵决口。此次治水，朝廷原本按照以往的经验估计，要耗银近百万两，丁宝桢却只用了五十多万两。原因很简单，因为他不贪分毫，也严禁下属有偷鸡摸狗之举，此前的治水官员，却是视水灾为发财良机，朝廷要拨付的工程款，自然高得吓人。

山东官吏腐败的重灾区还不在于治水，而是在于盐政。此地自春秋齐桓公时就以产盐富甲天下，到了清朝晚期，则已是官商勾结发大财的景象，史书记载当时官方的盐政实际上已经陷于死亡状态——“废弛已久”。面对这个局面，丁宝桢的前任都无妥善解决之法，他们要么同流合污，要么视而不见。丁宝桢到任之后，则以刚猛手段，将盐政大权收回，废除此前乱七八糟的盐政机构，整顿之后，再成立起新的机构，统筹盐业。

就在他准备进一步大刀阔斧改革盐政时，他被朝廷调任四川总督。

四川当时的官吏腐败尤甚于山东，非刚猛廉洁之才不能治之，这也是朝廷调丁宝桢前往的一大原因。这个同样以产盐而闻名的地方，不仅盐政腐败，还另有一个名为夫马局的机构，在供贪官污吏掠取民脂民膏。此机构本是清朝为了镇压太平天国运动而设，最初目的是为军队运输物资，后来则逐渐演变成了一个类似“公车消费”的腐败滋生地。许多官员都以出行为名，滥造名目，从夫马局中捞取巨额“公车出行费”，更有一些地方官员，以此为贿赂通道。而夫马局作为一个地方性机构，朝廷并无相关款项支持，其开支自然是要摊派到当地百姓头上。

不出意料，夫马局在丁宝桢到任之后没多久便被撤销了。

此举，连同丁宝桢在四川的盐政改革、吏治整顿等，引起了许多人的恼恨，各种弹劾、“举报”雪片般飞往朝廷。这些告状的人，找不到丁宝桢的污点，就将矛头对准了丁宝桢在四川开办的机器局，称其“虚糜巨款，而无成效”。这个机器局也就是洋务运动中于各地开办的工厂，是需要大量前期投入的工程，作为新生事物又不受朝廷一些保守派的待见，告状者便企图以此来整倒丁宝桢。昏庸之朝廷，一度下令四川停办机器局，并将丁宝桢由一品总督降为四品署督。

但他并未被“整倒”，实际上仍在主政四川的他，依旧在坚持他的“廉刚有威”。此时他的长子丁体常担忧父亲的境况，写来家书安慰，丁宝桢则回信告诉儿子：“我之做官，志在君民，他无所问。宁可被参而罢黜，断不依阿以从俗，而自坏身心，贻羞后世也！”

后来，朝廷发现经过丁宝桢的整治，四川赋税增加达百万两白银以上时，事情又有了转机。洋务运动的深入与洋务派力量的壮大，也迫使朝廷要面对现实，结果是后来四川的机器局得到恢复，丁宝桢也再度受到重用。

主政四川十年后，丁宝桢以六十七岁之龄病

逝于任上，他没有留下一个银元的财产，反而欠了许多债务，因为他的俸禄都已捐给困苦者，而自家生活却难以维持，丧葬之事还是靠下属凑钱才得以完成。

但他留下了令世人敬仰的清名，以及令子孙难忘的家风。

他有五个儿子，都继承了这种家风，如在这封家书中提到的长子丁体常，就是以清名而不是官名享誉天下，他曾坦言自己的清廉俭朴本色，正是源自父亲的教导和影响：“吾父之高勋伟略，诚不敢望希万一，而其清风亮节，虽未之逮，窃有其志。”

07

“慎守儒风，省啬用度”

——（清）林则徐

人物简介

林则徐（1785—1850），福建省侯官（今福州市）人，字元抚，又字少穆、石麟，晚号俟村老人、七十二峰退叟等，清朝名臣。先后在十四省为官，多次官至总督，两次担任钦差大臣，足迹踏遍大江南北。1839 年，林则徐受命到广东禁烟，并于虎门集中销毁收缴鸦片，英国以此为借口，发动鸦片战争，中国开始遭受西方列强侵略，林则徐则成为近代历史上第一位抵抗外侮的民族英雄。

家书摘编

余服官中外已三十余年，并无经营田宅之暇。惟祖父母在时，每岁于俸廉中酌留甘旨之奉，祖父母不肯享用，略置家乡产业，除分给汝四妹外有留归余名下者载在道光丙戌年分书，汝等也已共见。嗣于庚寅年起夏出，至今未得，回闽，惟汝母中间回家一次，添买零产几处，合计前后之产，或断或典，田地不过十契，行店房屋也仅二十三所，原不值再为分析。而吾儿三人长已成名，少亦举业，尔等各图远大，当不借此区区。但余年已六十有三，汝母也届六旬，但有宿疾，安能更为尔等劳神照管。汝辈既已长成，自应酌量分给，俾其各管各业，除文藻山住屋一所及相连西边一所，仍须留为归田栖息之区，毋庸分析外，其余田屋产业各按原置价值匀作三股，各值银一万两有零，即每股或有多余伸缩也不过一两百两之间，相去不远。合将应分契券捡付尔等分别收执，其应行收租者各自收取，如因中外服官，不能自行经管，也各交付妥人代理。将来去留，咸听尔等自便，我也毋庸过问。惟念产微息薄，非俭难敷，各须慎守儒风，省啬用度；并须知此等薄业，购置甚难，凡我子孙，当念韩文公“辛勤有此，无迷厥初”之语，倘因破荡败业，即非我之子孙矣。再，目下无现银可分，将来如有分时，也照三股均匀，书籍、衣物并皆凭此可也。兹将所分三股产业，并载于此。此谕。共录三纸，尔等各存一纸为照。

家书大意

我在朝廷做官已有三十多年，但并没有钱也没有闲心去买田置产，留下一些家业。只有父母在世时，用我寄回去的一点俸禄买了些薄田，也大都已经分给了兄弟姐妹，自己留下的很少。你母亲曾在回老家时买了一点田地，与原来的田地加起来也没有多少。你们兄弟三人，现在都已经长大成人，也有了各自的事业，不应该依赖这点产业维生。但按照规矩，还是应该给你们分田，每人大约能分到价值一万两白银的田地，现钱则是没有的。这些田地将来要怎么处理，都是你们自己的事情，我就不再过问了。唯独有一点要提醒你们，那就是这些田地不多，如果不勤俭持家的话，恐怕后世子孙难以为继。所以你们要严守家风，清贫度日，而且要知道，对于林家的人来说，积累下这点产业十分不容易，子孙都要牢记韩愈的名言“如此勤劳才积攒下这份家产，千万不能忘了本”。

家风故事

林则徐是一位家喻户晓的历史人物，这封家书是他在道光二十七年也就是1847年所作，主要内容则是给长大成人的三个儿子分家。他当时正担任云贵总督的官职，也就是执掌云南、贵州两省大权的正二品地方大员，那么他要分给儿子的家产有多少呢？

按照这封家书所言，只有一些田产，按照当时的市价，大约值三万两白银。

三万两白银，听起来有点惊人，但看一下林则徐在家书中的交待，再参考下当时的官场环境，就会发现这份家产不仅算不得多，还反而显得有些微薄。

林则徐在家书中告诉三个儿子，他做官三十多年，从未有过买田买地给子孙弄点产业的念头，这点家产还是父母用自己寄回去的俸禄所买，再加上妻子回乡时所买，前前后后凑在一起所得。而当时清朝总督级别的官员，一年仅是合法收入，就在一万两上下，加上其他渠道的收入，一年捞个十万两不成问题。林则徐为官三十多年，自四十八岁时开始担任巡抚级别高官，到写下这封家书时，已过去十五年，其间还做了号称清朝官员之中收入第一位的两江总督，并管理过油水丰厚的盐政，保守估计，他至少也能积攒下百八十万两银子的家产，他却只有区区三万两。

而且他在家书中明确交代，这三万两还不是现银，都是一些田地，比较贫瘠的那种。家产微薄到此种程度，在当时普遍腐败的清代官员队伍中，十分罕见。

耐人寻味的是，林则徐认为这份家产虽然不多，却是来之不易。三个儿子分得田地之后，他虽然不会再加过问，但先立下了一条规矩，那就是要珍视这些先祖留下的田地，要始终保持节俭，不能染上奢靡习气，否则这点微薄家产很容易就会被挥霍一空。

这种清廉之风，并非林则徐一人独有，而是他传承自林家家风。

林家并非名门望族，但却是书香门第，世代先祖都是读书人，只不过一直都未在仕途上有所突破，多以教书先生为业。“穷书生”的家族传统，造就了一种甘于清贫却不甘于平凡的家风。林则徐的父亲林宾日，是这个家族的又一位“穷书生”，他自幼便给予林则徐良好的启蒙教育，更教导他淡泊物质享受的同时，胸中要有为国为民的大志。林则徐的母亲则是一位勤劳善良，很会持家的贤惠女人，一家人虽然日子过得清贫，却并不苦闷，充满了欢乐。

值得一提的是，林则徐的名字之来历，便与其父林宾日所仰慕的一位清廉官员有关。这位官员名为徐嗣曾，曾任福建巡抚，素有美名。林则徐之“则”，意为学习，以某某为榜样，“徐”

即为徐嗣曾。早在其出生之时，其父就已决定要将其培养成才，踏上仕途去做官，而且要做清廉能吏。

林则徐也不负父望，仕途通达，步步高升，一直做到总督级别的高官，还曾是道光皇帝委以重任的钦差大臣，但他始终都没有丢弃俭朴家风，并因俭而廉，在污浊官场中始终保持本色，始终对得起自己的名字。

而对于那些贪赃枉法之徒来说，林则徐就是极不受欢迎的人了。如后来林则徐受命到广东禁烟，就遭到了一些人的抵制，因为他们的钱，来得都是那样的肮脏。

这方面的代表，除了一些腐败的地方官员外，还有一些商人，其中以所谓的“十三行”为代表。此乃持有清朝特许权的一些富商，充当对外贸易的中介，而他们对外贸易的物品之中，便有一样叫作“鸦片”的东西。依靠勾结洋人，贿赂官员，贩卖鸦片，“十三行”牟取惊人暴利，如有一位名为伍秉鉴的“十三行”商人，家产竟然价值两千八百余万两白银，被后世学者评价为当时全球的首富。

林则徐却只有价值三万多两白银的田地。

至于后来那位代替林则徐的无能清朝贵族琦善，被革职抄家时，在通了关系、相关部门手下留情的情况下，还抄出了黄金七千多两、白银近十万两以及超过二十万亩肥田和大量的不动产。

有意思的是，至今还有所谓学者出来为琦善翻案，认为他是背了黑锅的良臣，林则徐则是导致鸦片战争的罪人，这种看似荒唐的逻辑背后，到底有什么用意呢?

只不过老百姓是从来不会相信这种胡说八道的，他们看得分明，林则徐不仅极为清廉，还是一位很有能力的官员，除了禁烟之举外，还在许多地方做了许多实事、好事，比如治理黄河、发展农业、打击贪腐，等等。

在他的影响之下，林家家风也传承给了子孙。他的几个儿子都是清廉之人，他的女婿沈葆桢是晚清很有名的一位人物，也是以清廉刚直而闻名。

08

“守财不施，谓之钱奴”

——（清）彭玉麟

人物简介

彭玉麟（1816—1890），字雪琴，号退省庵主人、吟香外史，祖籍衡永郴桂道衡州府衡阳县（今湖南衡阳市衡阳县渣江），生于安徽省安庆府（今安庆市内）。晚清著名政治家、军事家、书画家，人称雪帅。与曾国藩、左宗棠并称“大清三杰”，与曾国藩、左宗棠、胡林翼并称大清“中兴四大名臣”，湘军水师创建者、中国近代海军奠基人。官至两江总督兼南洋通商大臣，兵部尚书，封一等轻车都尉。其为官清廉，疾恶如仇，淡泊名利，曾经六辞高官。

家书摘编

守财不施，谓之钱奴，为人一世中，不过衣食住三者最不可小，然而衣求温暖，食求果腹，夜眠六尺地，入梦便似死人然，何必衣必锦绣，食必膏粱，起造高大房屋，美轮美奂矣，亦享受微儿？况夫象以齿焚，麝以香殒，多藏诲盗一语，切当之至。处兹乱世，钱愈多则患愈大，一年足敷温饱，便是大福分，大富贵。要钱多何用？心劳日拙，最可鄙。从来富人有几辈留存齿颊，标名青史？倒不及穷酸力学，一篇文章，不覆瓿，便笼纱，流传来得永久。即是要钱多，养得不肖子孙，狂嫖滥赌，挥霍无度，纵有铜山亦可倾。所以吾但望子孙贤能，不望金钱富饶。子孙不肖，积农积谷，积银积钱，积产积书。都无用处。彼见钱多，不知艰难撙节，游荡骄轶，反而害渠一生。每见富家子弟读书，但求虚饰而不知实际，造就者少。惟贫窭者吃得苦中苦，孜孜兀兀，反多成就。故对于弟，切戒奢侈。要钱用，必须自己筹划，勿为分利而为生利者。对子穷困之士，理宜周恤。余在军中，不茹荤，但嚼菜根，觉得甜蜜有谏果回味之妙，力自节省。想朱轼尝云：省一酒食之费，可活几人；省一交际之费，可活几人；省一簪珥衣被之费，可活几人；省一布施僧道礼拜神像纸钱牲牢之费，可活几人。当此世乱年荒，每思节用以利民生。俸禄所人，除奉甘旨外，每移赈民间，非如冯谖市义，但求吾心所安而已。

家书大意

将金钱牢牢据为己有，不愿意拿出来帮助他人，吝啬成性，这种人就是金钱的奴隶。而在人的一生中，与金钱有关的三件大事，是穿衣、吃饭和居住。穿衣的目的是御寒蔽体，吃饭的目的是吃饱不受饿，居住的目的则是晚上有个睡觉的地方，要达到这些目的，根本不需要太多的金钱，多了就是奢靡腐朽、铺张浪费。古人说得好，大象因为象牙、麝獐因为麝香都遭到捕杀，家中财产太多的人则会招来强盗，这都是至理名言啊！

当今世道并不太平，家中财产太多就祸患越大，一年到头能保证温饱，便是很大的福分了。要那么多钱有什么用？不仅没有用，还让人日夜忧心，这种日子有什么好的？再看看自古以来，那些富豪，大都传不了几代，就衰亡破败，反倒比不上一些读书人，虽然经济上比较贫寒，却有家学相传，能延续很久。家产多，就容易养出一些不肖子孙，奢靡腐败，即便留下一座金山，也用不了多久就会挥霍一空。所以我希望我家子孙都能有好的德行，而不是都有一笔大的家财。如果子孙违背我的训诫，不守家风，喜欢囤积金银钱粮等东西，那就是有害无益了。我见过许多富家子弟，自恃家财万贯，读书根本不用心，没有几个有成就的。反而是一些贫家子弟，吃得苦中苦，成了人上人。所以弟弟啊，你一定不能沾染奢靡习气，要妥善对待金钱。对于那些虽然穷困但是颇有才学之人，要多多周济照顾。带兵打仗时，则不要吃荤菜，以粗茶淡饭为主，这样也有助于增加你在属下心中的威信，并作为俭朴节省的表率。

本朝朱轼曾说过：减少盛宴的花费，可以养活好几个人；减少交际的花费，可以养活好几个人；减少衣物上的开销，可以养活好几个人；减少一些求神拜佛的香火钱，可以养活好几个人。在现在这个不太平又多饥荒的时代中，你应该多想想这些话，多多节省，多去帮助一些人。这也不是出于什么其他的动机，只是为了让自己心安而已。

家风故事

“散财”，是彭玉麟这封家书的主题，也是其金钱观的体现。在他看来，一个崇尚清廉俭朴的人，一生并不需要花费太多金钱，应该“怕”钱，因为聚财太多不是福，反而容易致祸，将金钱散出去，用于帮助接济他人，才是正确的理财之道。

那么在家书中谆谆告诫兄弟不要做“钱奴”的他，一生到底又散了多少财出去呢？

按清代葛虚存所著《清代名人轶事》记载，彭玉麟一生散财事迹如下：

资助家乡办学计两千两白银，资助家乡学子读书计两千两白银，资助家乡育婴事业计两千两白银，独自承担家乡县志编撰经费计五千两白银，独自移建船山书院计一万两千两白银，资助衡清试馆计一万两白银，又资助家乡各种公共设施建设数万两白银……

如果有人认为这只不过是一位大官在获得巨额收入之后，在家乡的作秀和积德，那就大错特错了，因为上面这些散财事迹在彭玉麟的一生中，还只能算作“小头”，接下来的才是“大头”：

统领军队时，因为朝廷军饷匮乏，独自捐出俸禄等收入，前后近二十万两白银，作为所部军费；

拿出俸禄作为奖励部属的基金，前后超过十万两白银；

对家族中的老弱病残给予接济，前后至少有五万两白银；

退休之时，将朝廷发放多年的养廉银全数捐出作为公费，总计超过二十万两白银……

他一人一生“散财”的规模，就在五十万两白银以上。而他的兄弟族人子女，也都是慷慨解囊、乐善好施，史书记载彭家人在彭玉麟的带动下，前前后后拿出去的白银，超过了一百万两！

有拿出数十万两乃至百万两银子来“作秀”的人？

须知彭玉麟为晚清重臣，朝廷待他甚厚。他的兄弟族人子女之中又不乏经商的人，这些钱财都属于那个时代的正规收入，他大可以安心受用，但他偏偏就怕钱多，不仅自己怕，还要训诫兄弟族人子女，不要忘了这个“怕”。

再来看看如此“怕”钱的彭玉麟，自己过的是什么生活，他的兄弟族人子女又过的是什么生活。

史料记载，彭玉麟不管做官做到多大级别，生活都一直稳定在他早年贫寒时的水平，那就是没有仆人服侍，没有锦衣玉食，没有买一亩田地，没有购一间房屋。当他如此贫寒地走到中年时，妻子、儿子因为种种原因都没在身边，他也依旧不招仆人，只是带了一两个军中老兵在身边照应，外出依然是草鞋布衣，乃至还要亲自下地种田，不识者还以为对面来了一个农夫呢。

在他的影响之下，彭家的人也多习得这种俭朴之风，而他们稍微有一点奢靡或者浪费的苗头，就会受到彭玉麟严厉的训诫。

如其子曾花了几十串铜钱，将老家的几间房屋草草修补了一下，在旁人看来似乎没有什么问题，但彭玉麟却大为生气，立即写信训诫儿子：身为官宦子弟，不但不可借机发财享福，反而要比寻常人家更加俭朴，否则就会有损彭家的清名。

又如他的一个弟弟，失散多年，相见之后，彭玉麟正在带兵为帅，便将其安置在军中。不料这个弟弟染有抽大烟的恶习，没住几天就被人发现。彭玉麟得知之后，勃然大怒，将其立即以军法处以四十大板的刑罚，然后发誓：“你若不戒掉毒瘾，那么我们兄弟就永远不再相见！”这个刚刚遇到亲人的弟弟羞愧欲死，不吃不喝，硬是撑了三天三夜，熬过了烟瘾，从此再未复发，结果两兄弟才再度成了亲人。这个弟弟后来做了商人，赚取钱财甚多，“散财”力度则不亚于他那位严厉的大哥，颇有义名。当他先于彭玉麟逝世之后，后者将其家人接到自己身边，将他的孩子当作自己的孩子抚养，成为一段时人所传颂的兄弟佳话。

又何止是这段兄弟佳话受到时人传颂，彭玉麟所代表的“怕钱”家风，更是令人敬服。同时令人敬服的，还有他“怕升官”。这位出身贫寒的穷书生，与丁宝桢等晚清名臣一样，于战乱中投笔从戎，以军功得到朝廷重用。而当朝廷要给他一些主政富饶地区或者掌控大权的官位时，彭玉麟却屡屡拒绝，前后共达六次，引得上至皇帝、下到同僚都惊讶不已——别人都忙着往上升，你怎么总是拒绝甚至辞职呢？

原因不在彭玉麟，而在于那个腐败透顶的晚清官场。他清廉俭朴、刚直严正，但他是少数派，贪腐奢靡之徒才是主流。若他赴任，那么必然会铁手肃贪，到时难免震动朝廷，引起许多风波，到头来可能是一场空。他曾经严厉惩治超过两百位贪官污吏，其中包括李鸿章的族人，但贪官污吏还是满布于这个王朝。

他无能为力，唯有严训兄弟族人子女，训出一个“清廉俭朴”的彭家家风来。一封封家书，多是以这方面为主题，虽然口吻严厉，却字字都包含他的良苦用心。

光绪十六年（1890 年）三月，第六次辞官归来的彭玉麟，以一个老百姓的身份病逝于家中，享年七十五岁。

朝廷给他的谥号是“刚直”。从此，后人以彭刚直公尊称这位晚清名臣，而讲到他的清廉俭朴家风时，或许还应该加上一个前缀“怕钱的彭刚直公”……

09

“上半晚想自己的困难，下半晚一定要想群众的困难”

——（现代）徐特立

人物简介

徐特立（1877—1968），原名懋恂，字师陶，湖南省善化县（今长沙县江背镇）人。毛泽东和田汉等著名人士的老师。1911 年参加辛亥革命，1927 年加入中国共产党，同年 8 月参加南昌起义。1931 年 11 月当选为中华苏维埃共和国中央执行委员会委员。1934 年参加长征。新中国成立后，曾任中央人民政府委员会委员，中共第七届、第八届中央委员。

家书摘编

乾儿：

四年前你还是一个落后的家庭妇女，而今成了一个共产党员，实出我意料之外。希望你真能继承我的革命事业，我从现在你的行动看有很大的可能性。我爱读《联共党史》，曾在长沙抄读一次，你是知道的。这书包括革命理论策略、组织原则和工作方法，你当随时阅读，把它当党的经典。本书大共［总共］四百三十页，日读二页，二百一十五日即读完。我今年已六十五岁，有似风中之烛，不知能否眼见你读完此书，了解此书，且能实行书中的原则。如果能看得见的话，我虽无子（徐特立只有两个儿子长大成人，即徐笃本和徐厚本。徐笃本 1927 年大革命失败时牺牲，徐厚本 1938 年在长沙病故）也还快慰。今日费边币（边币，指陕甘宁边区银行发行的货币）六元购买此书给你，希望你暂放弃其他读物，有计划地读完此书。

特立

一九四一年十月三十一日

徐乾：

你只算是半布尔什维克，真正的布尔什维克还要掌握马克思主义的理论……我时刻感到你难接受真正有益于你的批评。由于你的周围的人有些比你弱，你就不知不觉降低自己应有水平。我是全面关心你的，主要是你的身体和学问。不只是希望你读书，即是不拿书本只要每日有十分钟与好学的人接近，耳朵中也能听一些。你看书的能力还极弱，我想帮助你找不到机会，是非常奇怪。

你的自信力强是对的，但过强至于不接受批评，前途是暗淡的。接近一切人，不放弃一切，对落后也给帮助是对的，但还要把自己提高一步，才能提高工作效能。

一个共产党员应当什么都知，什么都能，什

么都学，什么都干，什么人都交，什么生活都过得下去。在革命的复杂艰难困苦中，这种无条件的工作态度、无条件的生活方式是必要的。革命的另一相反方面是严格地选择，毫不妥协和动摇，把握原则。如果没有自己的终身志愿，忘记了自己的政治立场，在意识上无中心思想，在学习上无最后的目的，在工作上无专门技能，广交无基本群众，无得力干部，无崇拜的革命导师，肯干而无策略路线，无工作方法，只凭主观经验而无原则，而不了解情况，那么前面的一切都成为无效了。

……

特立

一九四六年六月十三日

守珍吾儿：

来信收到，知道你们夫妇已经解决了失业问题，希望你们努力工作，并关心其他失业的人们。你们虽然还不是共产主义者，不过是组织问题，首要的还是思想问题和行动问题，在这一方面做到了，不一定要加入组织，做党外的积极分子最重要。我是五十一岁才加入党。我没有入党的要求，自以为资格不够，只是努力工作。在大革命失败后，有些动摇分子退出党，我党的负责人以我够党外的党员，于是才有人介绍我入党。我希望你们每一日每一时都不要只为自己着想，上半晚想自己的困难，下半晚一定要想群众的困难，以及政府的困难，机关负责人的困难。这样去做人，自己的个人苦恼没有了，胸怀开展了，就不知不觉变成了一个前进分子，甚至成了一个非党的本质上无异于党员的积极分子。你们两人都是劳动者，没有家累，不必愁身后问题，比起我更自由。我实在忙，没有时间写信，希望你们尊重我在百忙中写的信。我在上海会见你们后，我也相信你们，爱护你们，由于相信就希望你们跟着我走，成为我们党外的同志！

特立

一九五三年九月二十八日

家风故事

徐特立是我们党一位著名的革命家，同时也是一位杰出的教育家，新中国教育事业的奠基人。他的教育思想、革命思想，在其众多家书中都有反映，这里所选摘的三封，则都涉及了“廉洁俭朴、公而忘私”，这也是徐特立的家风精神之一。

徐特立 1877 年 2 月 1 日出生于湖南省长沙县五美乡，四岁时，母亲去世，家庭艰苦程度可想而知。但他并未放弃读书求学，九岁开始读书，读到十八岁时，已能开馆收徒。但徐特立并不满足于此，在阅读了张之洞的《书目问答》和《𬨎轩语》后，决心从头读书。他变卖仅有的一点家产，购入许多典籍，被当时的人称为“破产读书”，如此读了十年，到他二十八岁时，他参加了晚清政府举行的新式考试，在三千余名应考者中，名列第十九名。

此后他曾创办多所学校，很早就致力于教育救国，他的崇高品德、渊博学识以及强烈的爱国热情，对毛泽东、蔡和森、何叔衡、李维汉、田汉、许光达、刘英等许多有志匡时救国的学子都产生了深刻影响。在其四十二岁时，他又前往法国以勤工俭学方式留学四年，回国之后，积极投身农民运动。大革命失败后，他又在白色恐怖中，毅然加入中国共产党。

入党之后，徐特立参加了南昌起义、中央苏区建设、二万五千里长征、陕北边区和新中国的建设，历任中央苏区教育部副部长、代部长、陕甘宁边区教育厅长、中共中央委员、中宣部副部长、中央人民政府委员、全国人大常委等职。

徐特立生活上一贯俭朴，常穿粗布衣裳，常食粗茶淡饭，更是有许多俭朴的美谈流传于世。如他在长沙办学时，并不像当时很多的为人师者，要么长袍马褂，要么西装革履，外出坐轿代步，而是穿着与普通百姓一样的布衣布鞋，步行数十里去学校授课。某次他去一所学校看望一位朋友，到了大门前，告知有一位“徐校长要见某某”，对方则疑问道：“你说徐校长来了，徐校长在哪里？”徐特立则微笑答道：“我就是。”对方大吃一惊，同时对徐特立敬意顿生。

又如 1937 年冬，党中央任命徐特立为国民革命军十八集团军高级参议、驻湘代表。徐特立到达八路军驻湘办事处后，当时湖南国民党的省政府主席设宴款待他。他按时前往，因天气寒冷，没有别的御寒衣服，就穿上一件黄布棉外衣，这本是伤兵衣服。走到省政府传达室时，说明要会见主席。传达室工作人员看见他穿的伤兵服，既未乘车，又没有名片，不像什么重要人物，拒不传达，并说：“主席今天正在欢迎十八集团军的中共代表，无暇会客。”尽管徐特立再三说明，工作人员不信，始终不让他进入，只好又回到办事处。宴会时间快到，主席见徐特立尚未到，甚为着急，派人到八路军办事处催请，才知道原委，再次请徐特立出席宴会。

新中国成立之后，徐特立始终保持着革命战争年代的艰苦朴素的生活作风。他认为：生活过得俭朴一些，将有助于保持同劳动人民的思想感情，坚定为人民服务的思想。所以，他对生活方面的要求极其简单，有些近乎苛刻。

1949 年底，徐特立在西单分到几间住房后，曾派女儿徐乾回湖南，将老伴和十三岁的小孙女接到北京团聚。他住的房子不大，也比较陈旧，有的地板已经腐烂。他身边的工作人员要求中央办公厅给换一下，中央办公厅也认为应该换，但他不同意，认为把坏了的地方修一修还可以住。

1952 年，中央办公厅决定给徐特立添盖几间房子，以便接待来访的群众和存放图书资料。他更不同意，说："现在人民生活还有不少困难，我怎能为自己盖房子，花费人民的钱财呢？还是等将来生产、建设搞好了，人民生活富裕了再说吧！"后来办公厅根据他一贯坚持节约的精神，把建房费用减少到原计划的一半。即使如此，他还是认为花钱太多了。仅窗帘布一项，就不知批评过多少次，总是说："窗帘布能挡住光线就行了，干什么要用这么好的东西做？当年我们在延安就没有用窗帘，不是照样干革命吗？可不能好了伤疤忘了疼，必须继续保持和发扬小米加步枪的延安精神。"

徐特立戴的一顶灰布军帽，连后沿都磨破

了，穿的灰布衣服，已经洗得发白，一件旧棉衣，后勤部门几次催他更换新的，他总不答应，说：“农民一件棉衣要穿几十年，甚至一代传一代。我这件还可以再穿几年。”为了工作需要，女儿徐乾为他做了一套毛料衣服，添置了一双皮鞋，他平时不穿，只是在接待外宾和参加宴会时才穿，回到家里马上换下。一双袜子，补了又补，还舍不得扔掉。

徐特立对吃的要求极其简单。他常对人说，人的饮食要从五谷杂粮中吸取多方面的营养，也要从多种蔬菜中吸取营养，不能有什么偏爱。所以，小米、玉米和窝窝头，他都喜欢，连白菜头都舍不得丢弃。即使晚上已经睡觉，如发现灯没有关掉、水龙头没有拧紧，也一定要起床关掉、拧紧。他多次对身边的人说：“要节约水电，滴水成河啊！”

1953年，徐特立回到长沙，每当应邀到机关、学校、医院或工厂讲话时，总要讲到艰苦奋斗的问题。有位同志在笔记本上记录过这样一段话：“我们是革命队伍中的开路先锋，也是建设祖国各条战线打头阵的人。责任重大，困难也很多，我们必须吃苦。”

1955 年秋，徐特立偕老伴熊立诚回乡小住。当时，长沙还没有直通五美乡的公路。老两口乘车来到江背时，五美乡的干部和群众抬了两副轿子来接他，硬要请两位老人坐上去，说：“老人家快八十岁的人了，田间小路不好走，还是坐轿子稳当。”但徐特立执意不肯，对大家说：“我二十多年没回来过，现在家乡变化了，我要边走边看哩！”他兴致勃勃地坚持步行，从江背到五美，走了二十多里路。

今天，我们应该深入学习和研究徐特立的家风思想，学习他的“廉洁俭朴、公而忘私”，学习他“上半晚想自己的困难，下半晚一定要想群众的困难”的精神，让我们每个人都成为这种家风的继承者、弘扬者，并通过我们的教育，让这种宝贵的精神代代传扬。

第二章　爱国奋进

10

“斧刀加吾颈，亦不能移吾志”

——（明末清初）郑成功

人物简介

郑成功（1624—1662），本名森，又名福松，字明俨、大木，福建泉州南安人，祖籍河南固始，明末清初军事家，抗清名将。弘光时监生，隆武帝赐明朝国姓“朱”，赐名成功，并封忠孝伯，世称“郑赐姓”“郑国姓”“国姓爷”，又因蒙永历帝封延平王，称“郑延平”。郑成功长期在中国东南沿海抗清，成为南明后期主要军事力量之一，一度由海路突袭、包围清江宁府（原明朝南京），但终遭清军击退。1661年率军横渡台湾海峡，翌年击败侵占台湾的荷兰殖民者，收复台湾。

家书摘编

兄弟隔别数载，聚首几日，忽然被挟而去，天也命也！弟之多方劝谏，继以痛哭，可谓无所不至矣。而兄之坚贞自持，不特利害不能以动其心，即斧刀加吾颈，亦不能移吾志。何则？决之已早，而筹之已熟矣。今兄之心绪，尽在父亲复禀中，弟闻之亦可以了然矣！大抵清朝若信兄言，则为清人，若不信兄言，则为明臣而已，他何言哉！

盖叶、阿身为大臣，奉敕入闽，不惟传宣德意，而将以奠安兆民。不为终始之图，徒为轻率之举；不为国家虚心相商，徒以躁气叠加。凡行为暴烈举动疑忌，忽然而来，忽然而去，海外遥远，真令人应接不暇矣。此弟所目睹。总其立心，只用挟之一字而已；若用挟，则当用之干戈，不当用之叶阿为也，况兄岂可挟之人也哉？

且四府地方粮饷，仅足以养一万之兵；外此数十万之众，何处取给，将何安插，即使不逼之以剃发，尚且不能，况其迫之者乎？又况其画饼者乎？

夫虎豹生于深山，百物惧焉，一入槛阱之中，摇尾而乞怜者，自知其不足以制之也。夫凤凰轲翔于千仞之上，悠悠乎宇宙之间，任其纵横而所之者，超超然脱乎世俗之外者也。兄名闻华夷久矣，用兵老矣，岂有舍凤凰而就虎豹者哉！

惟吾弟善事父母，厥尽孝道。从此之后，勿以兄为念。噫！汉有子瑜而有孔明，楚有伍尚而有子胥；兄弟之间，各行其志，各尽其职焉。兄敢不勉？弟其勉之！

家书大意

弟弟你与我分别数年，难得团聚几天，便又在清军的要挟下，匆匆离去，这是天意还是命运？而弟弟对我的劝告，从感情上来讲，十分的诚挚，但为兄不可能背弃忠贞大义，即便用刀斧架在我的脖子上，也不能让我改变反清复明的志向。这是为兄很早就决定了的事情，也为之奋斗了多年。现在为兄的决定，已经在给父亲的书信中告知了，弟弟你看过后就会明白。

清朝派来的大臣，提出的条件，并无多少诚意，反而举止傲慢粗暴，这也是弟弟你看得到的。如果清朝准备威逼为兄，那么为兄就只有继续用刀剑来回答了。

虎豹活动于深山时，是令人畏惧的，一旦掉入陷阱，却会沦落到摇尾乞怜的境地。再看那凤凰，自由自在，纵横于天地之间，根本不可能有什么陷阱来将其束缚。为兄早已有威名于天下，也不惧怕清军，怎么可能不做翱翔的凤凰，而去做掉入陷阱的虎豹？

如今只希望弟弟能好好对待父母，以尽孝道。从此以后，就不要挂念为兄了。当年三国乱世时，诸葛家有效命于江东的诸葛瑾，也有效命于蜀国的诸葛亮，春秋时有效命于楚国的伍尚，也有攻灭了楚国的伍子胥。兄弟之间，各有各的志向，各有各的事业。你我兄弟，也当如此！

家风故事

这是郑成功写给其弟郑渡的一封家书，时间大约是在公元 1654 年。家书内容主要为郑成功拒绝清朝政权的招降，那么既然是一封拒绝招降的书信，为何要写给他的弟弟呢？因为他的弟弟正是来招降的使者之一。

这是怎么一回事？那就要从郑成功的家族渊源以及家风故事讲起了。

郑成功之父名为郑芝龙，是一个在明朝末年极为蛮横的海盗，而且是一个狡诈多变、残忍无情的海盗。他曾以数万之众，为祸于东南沿海，在明朝有意招抚之后，经过一番利害得失的计算，又转而投靠朝廷，借助朝廷的力量，打掉了他昔日的“战友”，吞并了许多人马。

当正在全球扩张的荷兰人将舰队开到中国沿海地区，开始侵略骚扰时，郑芝龙也以明朝海上武装力量指挥官的身份，对其予以痛击，从性质上来说，算是抵御西方殖民侵略的爱国之举，但从他个人动机来看，却是纯粹的“火并”。因为郑芝龙原本就与荷兰人相勾结，其发迹就是靠给荷兰人当海盗，抢劫竞争对手的船只。当他势力强大之后，就将荷兰人一脚踢开，并征收起了荷兰人的保护费。荷兰人则想绕开郑芝龙，直接从明朝手中获得贸易权，至于他们获取这一权力的方式，依然是连打带抢，屡屡袭扰东南沿海。郑芝龙正愁没有机会收拾这些西洋人，便以朝廷之军的名义出兵作战，在重创荷兰人的同时，还将给荷兰人当炮灰的一伙中国海盗顺便吞并了。

郑芝龙与日本方面也有颇复杂的关系，其子郑成功的母亲便是一位日本人。而在郑芝龙的海盗团伙中，也不乏倭寇的存在。具有讽刺意味的是，他的家族当年曾受倭寇之害，被迫从家乡迁走。看来此人的世界中，从来只有利益得失，全无一点家国情怀。

这也算是一种“家风”，一种唯利是图的强盗家风。而当这个强盗遇到清朝崛起、大明王朝摇摇欲坠之时，他的大脑又开始了高速运转，开始为到底投靠哪一方而算计。

当时郑芝龙的手下接近二十万人，战舰超过

三千艘，号称十七世纪东亚乃至东南亚最强大的海军，在全球也是数一数二。残存的明朝政权——南明，将其视为国之柱石，寄予厚望，封为南安侯，全权负责所有军务，南明皇帝朱聿键，在他的支持下登基，对他也是言听计从。在这个历史关头，郑芝龙完全有成为一个民族英雄的可能，但他身上那股“深厚”的强盗式“家风”决定了他不会走上这条路，因为他的算计结果最终是：随便投靠哪家都是一样享受荣华富贵，那还不如投靠清朝，大明气数已尽啊，自己犯不着跟着一起陪葬。

就这样，手握重兵的郑芝龙选择了降清。在其准备北上去拜见清朝皇帝时，他的儿子郑成功，一位已经长大成人的英杰之士，苦苦哀求他要做明朝的忠臣，郑芝龙则要一意孤行地去当清朝的降臣。无奈之下，悲愤的郑成功立誓不会随父降清，要抗争到底。

父亲北上，其部众也纷纷瓦解，分裂成大小多路势力，其头领各打算盘，郑成功则领着其中一支人马，长期坚持抗清斗争。他之所以有这样一种选择，首先在于其自幼便受到了传统儒家思想的洗礼，有一番“修身齐家治国平天下”的抱负。说来也奇怪，郑芝龙虽然自己是一身海盗习气，却似乎深以为恶，对于郑家子女他却尽可能地要送去读书，其中以郑成功最为优异。其次，郑成功很早就受到了南明皇帝朱聿键的赏识和期许，被称为“千里驹”，并叹息：“惜无一女配卿，卿当忠吾家，勿相忘也!”朱聿键还将明朝皇室姓氏“朱”姓赐给郑成功，并将其原名郑森改为“郑成功”，希望其能匡扶明室，成功驱逐清朝。国姓爷的称呼，也由此而来。

虽然当时清朝已经占据明朝大半江山，但在与郑成功的较量中，却讨不到多少便宜，作为缓兵之计，清朝朝廷不止一次地拿出高官厚禄引诱郑成功，还多次以他那位软骨头父亲的名义，发出“诱降家书”，跟着父亲投降当了清朝臣子的弟弟们，也屡屡前来当说客。郑成功则是“以其人之道还治其人之身”，他也利用这些机会，作为缓兵之计，调集兵马、筹措粮饷，准备成熟之后，就大举北伐，曾经打到南京城下。但随着时间的流逝，清朝统治的逐渐稳固，抗清形势逐渐恶化，实力对比越来越悬殊，在这种情况下，郑成功开始谋求向海外发展，他的目光落在了宝岛台湾上。

台湾在明末便开始受到荷兰人的入侵，郑芝龙也曾在那里大搞海盗事业，郑成功则计划将其收回之后，建设成为一个抗清根据地。已在台湾建立起了殖民统治的荷兰人，在郑成功的打击下，战败投降。在取得台湾之后，郑成功得闻西班牙殖民者正在菲律宾大肆屠戮华人，震怒之下，他派出使者，严厉警告，并开始谋划南下驱逐这些西洋强盗。

可叹郑家家风到了此时，又有了畸变。郑成功的几个儿子，不思为父分忧、为国效命，却忙着抢地盘、立山头、搞内讧。长子郑经则是生活腐化，竟然与其奶妈私通，郑成功下令将奶妈处死，郑经却阳奉阴违，将其私藏起来。后来有人以此质问郑成功：“治家不严，安能治国？”让郑成功羞怒交加，下令处死这个不肖子孙，不料那些跟随他多年的手下，竟然纷纷抗命不遵！

人心变了。

此时又传来父亲郑芝龙被清朝处死，明朝末代帝王朱由榔被吴三桂杀害等噩耗，征战多年、已是十分憔悴的郑成功，急火攻心，重病不起，不久便含恨离世，年不过四十。

11

“凡国之强，必须多得贤臣；凡家之强，必须多出贤子弟”

——（清）曾国藩

人物简介

曾国藩（1811—1872），初名子城，字伯涵，号涤生，出生于湖南长沙府湘乡荷叶塘白杨坪（今湖南省娄底市双峰县荷叶镇大坪村）的一个普通耕读家庭。兄妹九人，曾国藩为长子。勤奋好学，坚持不懈。道光十八年（1838 年）考中进士，先后任翰林院庶吉士、侍讲学士、文渊阁值阁事、内阁学士、礼部侍郎、署兵、工、刑、吏部侍郎等职，后历任两江总督、直隶总督，官居一品。授武英殿大学士，封一等毅勇侯，谥曰文正。曾国藩是晚清名臣，一生忧国忧民，成为中国历史上立功、立德、立言的典范，被誉为“中华千古第一完人”。

家书摘编

第一封

沅弟左右：

接弟信，具悉一切。弟谓命运作主，余素所深信，谓自强者，每胜一筹，则余不甚深信。凡国之强，必须多得贤臣工；凡家之强，必须多出贤子弟。此亦关乎天命，不尽由于人谋。至一身之强，则不外乎北宫黝、孟施舍、曾子三种，孟子之集义而慊，即曾子之自反而缩也，惟曾、孟与孔子告仲由之强，略为可久可常，此外斗智斗力之强，则有因强而大兴，亦有因强而大败。古来如李斯、曹操、董卓、杨素，其智力皆横绝一世，而其祸败亦迥异寻常，近世如陆、何、萧、陈皆予知自雄，而俱不保其终。故吾辈在自修处求强则可，在胜人处求强则不可。若专在胜人处求强，其能强到底与否尚未可知。即使终身强横安稳，亦君子所不屑道也。

第二封

英夷在江南，抚局已定，盖金陵为南北咽喉，逆夷既已扼吭而据要害，不得不权为和戎之策，以安民而息兵。去年逆夷在广东曾经就抚，其费去六百万两。此次之费，外间有言二千一百万者，又有言此项皆劝绅民捐输，不动帑藏者，皆不知的否。现在夷船已全数出海，各处防海之兵陆续撤回，天津亦已撤退。议抚之使系伊里布、耆英及两江总督牛鉴三人。牛鉴有失地之罪，故抚局成后，即革职拿问。伊里布去广东代奕山为将军，耆英为两江总督。自英夷滋扰，已历二年，将不知兵，兵不用命，于国威不无少损，然此次议抚，实出于不得已，但使夷人从此永不犯边，四海宴然安堵，则以大事小，乐天之道，孰不以为上策哉？

家书大意

第一封

九弟的来信已收到。九弟在信中说，他认为人的一生，早有既定的命运在主宰，对此我是相信的。但他认为自身实力强大的人，总是能无往不利，这我就不太认同了。一个国家的强盛，必然是有许多而不是一两个贤臣的努力；一个家族的兴盛，也在于有许多而不是一两个杰出成员的努力。这其中既有命运的因素，不完全是人所能左右的。至于一个人的强大，主要就在于学习古代圣贤的勇敢、仁厚、深明大义等品质。但古代圣贤也早有定论，自认为强大并独来独往的人，有可能获得大的成功，也有可能招致惨败。古代的李斯、曹操、董卓、杨素，他们个人的能力在当时都是十分出众的，但他们的失败在当时也是十分“出众”的。而近代的一些人，也是自认为了不起，结果都没有什么好的下场。所以我们在修养和学习上严格要求自己，积极进步本身是没有错的，但切不可与别人争强斗狠。如果一味为了胜过别人，就只在某些方面投入精力，那么这种所谓的强大还能持久吗？即使侥幸能强大一辈子，那也是君子所鄙视的。

第二封

英国人还在侵略江南一带，但朝廷议和的决策已定了下来，因为南京是连接南北的咽喉之地，英国人既然已经威胁到这里，朝廷就不得不采取议和的策略，以安定百姓，平息战火。去年英国侵略广东，曾经接受议和，朝廷为此赔付了六百万两白银。这次的议和费用，外面传闻是二千一百万两白银，又传说这笔钱都是来自于民间，不会动用国库，不知道是不是真的。现在英国人的军舰已经回到海上，朝廷布置在各地负责海防的军队也在撤回。朝廷派出的和谈使节，是伊里布、耆英以及两江总督牛鉴三个。牛鉴有失地之罪，所以和谈之后，就会革职拿问，伊里布则会去广东，代替奕山为将军，耆英则代替牛鉴为两江总督。自从英国滋事骚扰，已经两年，带兵的不懂得如何打仗，当兵的不努力作战，不听号令，对于中国的威望造成了极大损失，这次议和，实在是出于不得已，假如花些钱就能够使英国人就此罢兵，那也算是上策吧。

家风故事

曾国藩在后世影响力颇大，其一生所写众多家书也是学界研究的热点，此处摘录的两封家书，则与他所处的时局有关。什么时局呢？那就是自鸦片战争以来，面对坚船利炮的列强，中国应该如何应对。

在谈论他对这个问题的答案之前，先来看看他的家风，看他的家风又要看看他的家族背景。其家族是一个传统的古代家族，在当地还算显赫，主要是靠勤劳和节俭积累下一些家业，因为这个家族并无深厚文脉，没出过多少读书人，直到曾国藩的父亲开始，才有比较浓厚的读书气息。

这种家族背景决定了他一旦有那么一点点读书人的天赋，就会被家族寄予特别的厚望，从小严加训诫，发愤苦读，指望通过科举考试来改变家族命运。曾国藩有无这方面的天赋呢？即便有，应该是相当低的，但他很勤奋，将家族的勤劳精神用在了读书上。族人之间也比较团结，这让他甚少被烦琐之事打扰，还能得到许多支持。

当他经过多年寒窗苦读，又经过漫长科举考试，才得到一个功名，得以出仕为官时，鸦片战争爆发。可能听都没有听说过的洋夷，竟然在这场战争中让大清王朝举手投降，年轻的朝廷命官曾国藩自然是大受震动，时局也开始迫使他第一次作出回答，也就是第二封家书的内容。在这封写给父母的家书中，明显可以看出他并不认为洋夷已对中华构成了强烈的威胁，而是认为对中华构成强烈威胁的是朝廷的腐败。来自于一个湖南乡间传统家族的他，对于朝廷从民间搜刮大量白银去做赔款的行为，也很有些意见，因为他的家风和家族背景都决定了他是一个勤劳节俭的人，让老百姓为朝廷的腐败埋单，在他看来并无多少充分的理由。

写下第一封家书时，曾国藩已是顶着太子太保、一等侯爵等光环的朝廷重臣，年过五十，经历了许多的腥风血雨，对于时局也有了更加深入的思考。在自知朝廷之腐败根本不可能逆转的情况下，他继承了发端于林则徐的“师夷长技以制夷”之思想，领导起了洋务运动，创办了中国近代最早的一批军事工业，发起了近代中国最早的一批公派出国留学，开设了中国近代第一批新式学校……

但这还并非他对于时局的答案所在，他的答案，就在第一封家书中。

“凡国之强，必须多得贤臣；凡家之强，必须多出贤子弟。”

这封家书，是写给他的九弟曾国荃的，此人是一个性情与曾国藩大不相同的家族异类，喜好奢靡，残忍嗜杀，独断专行，与彭玉麟等刚直人物水火不相容。注重家族团结、兄弟情义的曾国藩，不太可能有“大义灭亲”之举，但他时时在家书中规劝这个九弟收敛一些比较好。在这封家书中，更是将家族兴盛与国家强盛结合起来，规劝曾国荃，要将他家的团结之风扩大到家族之外，用于公务上，不仅要让家族多出贤子弟，还要让国家多出贤臣。贤臣从哪里来？不就是要靠他们这样位高权重的人大力提携，海量包容？

勤劳节俭团结的曾家家风，完全能够发扬光大到国家层面上。

曾国藩自己就积极实践这种家风，不仅自己担当起了洋务运动的开路者，还大力提携了许多当世才俊，为洋务运动的中坚力量。

曾国藩是一位善于识才之人，长期的战争生涯，又让他从血与火的教训中发掘出了许多有真本事的人物，在晚清历史上有重要影响的李鸿章、左宗棠、彭玉麟、沈葆桢、丁日昌等人都曾是他的幕僚。这些人的学识、脾性、行事方式截然不同，他们彼此之间的关系也并不那么融洽，左宗棠与李鸿章就长期相争，彭玉麟则是以刚直清廉著称，其他几人都与他处不好。只有曾国藩能将他们团结在一处，并忍常人种种不能忍，如彭玉麟一直自称是曾国藩的学生，却三次请曾国藩“大义灭亲”，杀了他的九弟曾国荃，曾国藩十分恼怒，但仍然一直很尊敬彭玉麟，乃至后来要将两人的“师生”关系，升格为朋友关系。

因为年龄的关系，曾国藩并未看到洋务运动如火如荼地开展，但自从发起这一运动开始，他就致力于要自力更生，而不是走依赖洋夷的道路，这也是他家风的反映——农家种田，主要靠的就是自家人。

曾国藩所创办的安庆内军械所，是中国近代第一处兵工厂，而名字之所以要带一个“内”字，就在于他想独立发展中国自己的军事工业，不受制于人，厂内“全用汉人，未雇洋匠”。近代历史上的一些民族科学家都被他延揽到这里，为中国研发枪炮船舶，如数学家华蘅芳、化学家徐寿及其子徐建寅等人。

可叹腐败之朝廷，并非洋务运动所能挽救，至多只是续命，曾国藩大约早就知道了这一点，他也只是在无可奈何之中，想到了这样一个无可奈何的法子。更可叹腐败之朝廷，不识他的苦心，认为中国自造枪炮船舶，不仅质量低劣，且价格昂贵，还不如买外国货呢，故而洋务运动持续多年，最终也未能给中国带来一个系统的工业体系，到甲午中日战争时，后起的日本已能自制巡洋舰，中国却连修理军舰的地方都没有几个。

但不能忘记曾国藩的努力，更不能忘记他这一努力的背后，那种家风的存在。

12

“用功上进，为后日国家干城之器”

——（清）张之洞

人物简介

张之洞（1837—1909），字孝达，号香涛、香岩，又号壹公、无竞居士，晚年自号抱冰。直隶南皮（今河北南皮）人，生于贵筑县（今贵阳市）。26岁考取进士第三名，成为“探花”，授翰林院编修。1867年至1873年任湖北学政。1874年起任四川学政、山西巡抚。1883年中法战争爆发，因力主抗争任两广总督。1889 年 7 月调任湖广总督，并多次署理两江总督。1907 年授大学士、军机大臣，兼管学部。张之洞是晚清洋务派代表人物之一，与曾国藩、左宗棠、李鸿章并称晚清“四大名臣”。他提出的“中学为体，西学为用”是对洋务派和早期改良派思想的总结。任湖广总督 17 年，力主广开新学、改革军政、振兴实业，由此湖北人才鼎盛、财赋丰饶，成为后期洋务运动的中心地区。

家书摘编

吾儿知悉：

汝出门去国，已半月余矣，为父未尝一日忘汝。父母爱子，无微不至，其言恨不一日离汝，然必令汝出门者，盖欲汝用功上进，为后日国家干城之器，有用之才耳。方今国事扰攘，外寇纷来，边境屡失，腹地亦危。振兴之道，第一即在治国。治国之道不一，而练兵实为首端。汝自幼即好弄，在书房中，一遇先生外出，即跳掷嬉笑，无所不为。今幸科举早废，否则汝亦终以一秀才老其身，决不能折桂探杏，为金马玉堂中人物也。故学校肇开，即送汝入校。当时诸前辈犹多不以然，然余固深知汝之性情，知决非科甲中人，故排万难以送汝入学校，果也除体操外，绝无寸进。余少年登科，自负清流，而汝若此，真令余愤愧欲死。然世事多艰，习武亦佳，因送汝东渡，入日本士官学校肄业，不与汝之性情相违。汝今既入此，应努力上进，尽得其奥。勿惮劳，勿恃贵，勇猛刚毅，务必养成一军人资格。汝之前途，正亦未有限量，国家正在用武之秋，汝只患不能自立，勿患人之不己知。志之，志之，勿忘，勿忘。

抑余又有诫汝者：汝随余在两湖，固总督大人之贵介子也，无人不恭待汝。今则去国万里矣，汝平日所挟以傲人者，将不复可挟，万一不幸肇祸，反足贻堂上以忧。汝此后当自视为贫民，为贱卒，苦身戮力，以从事于所学，不特得学问上之益，而可借是磨练〔炼〕身心，即后日得余之庇，毕业服官一品，名满天下而后得一官一职，亦可深知在下者之苦，而不致予智自雄。余五旬外之人也，服官一品，名满天下，然犹兢兢也，常自恐惧，不敢放恣。汝随余久，当必亲炙之，勿自以为贵介子弟，而漫不经心，此则非余之所望于尔也，汝其慎之。寒暖更宜自己留意，尤戒有狭邪赌博等行为，即幸不被人知悉，亦耗费精神，抛荒学业。万一被人发觉，甚或为日本官吏拘捕，则余之面目，将何所在？汝固不足惜，而余则何如？更宜力除，至嘱，至嘱！

余身体甚佳，家中大小，亦均平安，不必系念。汝尽心求学，勿妄外骛。汝苟竿头日上，余亦心广体胖矣。

家书大意

儿子：

你出国留学已经过去半个月，为父没有一日不想念你。父母对于子女的爱，是无微不至的，哪怕分别一天也很伤心，但现在为父令你远去异国他乡，又是为什么呢？为的就是让你学到一些真本事，将来回来报效国家。如今国家饱受外敌侵略，四方有事，连内地也受到了威胁。振兴国家必须要进行革新，而革新的重点就在于要强大军事。你自幼读书就不用心，还好旧式的科举考试已经废除，否则以你的水平，至多能当上一个平庸秀才，就此终老，绝无可能成为国家栋梁。于是国内新式学堂刚刚创办，我就送你去就读。当时为父的一些同僚朋友都觉得此举不妥，但我深知你的禀性，果然，在新式学堂那里，也只是体育科稍微好一点，其他与文化相关的科目都很差。为父是年纪轻轻就已经考取功名的优等生，也一直以此自傲，没想到你却是如此的不上进，真是让为父羞愧难当！不过考虑到未来的局势必定多有动乱，让不喜好学习文化的你去习武也未尝不可，因此便将你送出国，到日本士官学校去留学。你到日本后，一定要努力上进，尽量学得一些真本事。不要怕辛苦，也不要放不下自己的身段，务必要成为一个合格的军人。国家正是用武之际，那么你将来的前途就不可限量了，你不需要焦虑没有人赏识你，只需要焦虑自己不够优秀。要以此立志，千万不要忘记啊！

此外，为父还有一些训诫：你以前在家时，因为为父位高权重，别人都对你十分恭敬。现在去往日本留学，就万万不可再像往日那样端架子，否则在异国他乡惹了什么祸的话，会让家人十分担忧的。你在日本留学期间，要把自己当作普通平民出身，奋发图强，不只是为了精进学业，也是为了磨炼意志，到你将来也踏入仕途，有了一官半职后，就知道许多事情的不容易，也不会自以为聪明了。为父年过五十，官居一品，名满天下，但依然是谨慎低调，如履薄冰，从来不敢有什么放肆之举。你跟随为父很久，应该耳濡目染，也养成一些这方面的习惯，未料到你却是漫不经心，多有傲慢之处，这可不是为父所想看到的啊。此外，留学期间，衣食健康就自己注意了，为父要警告你的是，千万不可染上赌博嫖妓等恶习。如果染上这些恶习，即便侥幸不为人知，也会大大损耗精力，导致学业荒废。如果被人察觉，以至于被日本警察拘捕的话，那你让为父的脸往哪里放？让我家的颜面往哪里放？切记！切记！

为父身体尚好，不用挂念，其他家人也都很平安。只要你勤奋学习，日有进步，为父自然心宽体胖。

家风故事

这封家书是张之洞在 1906 年写给其子张仁蠡的，其内容则是训诫在日本留学的张仁蠡，要“用功上进，为后日国家干城之器”。

张之洞乃晚清名臣，是一位学问、思想都超卓于世的天才，同时也是一位致力于强国救亡的爱国人物。

这与他的家风熏陶关系极大。

他来自一个官宦世家外加书香门第，先祖多为饱学之士，也都担任过一些官职，虽然不大，以知县级别为主，但却形成了一种重视读书、重视出仕的风气。

其父张瑛，官至知府，以清明廉洁、勤于政务、热心教育而著称。他曾带头捐款以兴建书院，还曾募集资金，用于资助贫寒学子。一些当时闻名的学者，也在他邀请之下前往讲学，他自己也在处理政务之余，去书院切磋学问。

对于自己子女的教育，张瑛更是重视。他的三个儿子，张之洞、张之渊、张之清，自幼便接受了高水准的教育，其中天资最高的张之洞，张瑛就先后给他延请了六位生员、四位举人、三位进士来做老师。而这些老师除了教授张之洞科举考试所需的那些内容外，更多的则是传他以“经世致用”的思想，也就是注重学问的实用性与现实性。在老师的严格要求下，张之洞的学习范围包括儒家典籍、史学、文学、经济、兵法、地理等，并养成夜思的习惯——在夜深人静时，孤灯下思考问题，直到有了一个答案，方才休息，这种习惯他保持了一生。

学问扎实的张之洞，十四岁就中了秀才，十六岁中了举人，若不是此后要帮助父亲处理政务、军务，他完全有可能在二十岁以前考上进士。

在他于二十七岁考上进士、踏入仕途后不久，便遇上沙俄侵略新疆，朝廷所派使臣昏庸卖国，他与一些大臣愤而上书，引起朝廷注意，从此开始了风云人生。

这段风云人生的第一段高潮，乃是他以四十四岁年纪出任山西巡抚。当时山西饱受贪官污吏、饥荒、天灾与鸦片之苦，民生凋敝，在明清两朝颇为有名的晋商已经衰败。张之洞到任之后，以他所读之书中的治乱之法——“儒术经常之规”，定下一套方略，先从澄清吏治入手，清理官吏中的败类，提拔上来一批廉洁能吏。然后提出一套包括六个方面二十种措施的山西施政方案，作为改变山西面貌的指南。在他的大力推行之下，第一年山西就节省公务开支近八万两白银，财政收入增加八万多两白银，鸦片禁种超过原有面积的八成，清理腐败分子二十余名，提拔能吏五十余人。

他在治理山西期间，还接触到了西洋文明，那是一位名为李提摩太的传教士，常年活动于晚清高官之间，推销他的各种近代化方案，其中便包括让晚清朝廷每年设立一百万两白银来建立新式教育。张之洞对他的一些提议十分感兴趣，并准备由此投身于洋务运动，但不料中法战争爆发，作为主战派，他在火线提拔之下，调任两广总督，数年之后，又转为湖广总督，府衙设于武汉。

其风云人生的第二段高潮开始了。

他主张“中学为体、西学为用”，在湖北地区修铁路、开工厂、办学校、练新军，是洋务运动后期的领袖人物，也作出了许多实实在在的成绩，中国近代工业的很大一部分基础，都是由他奠定，更有武汉大学这样的学府，也是从他的手上开始书写历史的。

但他也无可奈何地受到一次次打击，如中日甲午战争期间，他要派军队北上参战，却打消于各方派系的顾虑之下。维新变法期间，他一度积极支持变法派，在维新派失败后，不得不退而求保，却连自己的得意门生杨锐都保不住。

除了外界的打击之外，来自家族内部的打击也在给他施加压力，那就是他的子女。

他有子女十余人，平时他的训诫也颇为严厉，但无奈这些子女之中，能传承家风者并不太多，反而有几位在朝纨绔子弟的方向发展，比如这封家书的对象张仁蠡。从家书内容就可以看出，这位张公子是一位不思上进、惰于学习又骄横跋扈的官宦子弟。张之洞在家书中要他以自己为榜样，不料他却全当耳边风，到了日本之后，不仅荒废学业，还染上了抽鸦片等恶习。

更让张之洞在九泉之下难以瞑目的是，这个张仁蠡，在后来日本侵华时，居然跑去当了汉奸，而他做汉奸的第一个“任职地点”，正是其父当年耕耘多年的武汉，他的脸皮也真是厚！

同样令人叹息的是，这样的孽子还不止张仁蠡一位，他的兄长张仁乐，也是曾被张之洞寄予厚望，送到日本留学，却也在后来走上了汉奸之路。

兄弟二人在汉奸舞台上互相“扶持”，待到抗战结束之后，一个逃往日本，躲过惩罚，一个未能逃走，后来被处以极刑。而据一位纳粹德国记者回忆，张仁乐是一位“颇有才学”之人，看来他在读书上大约是没有辜负张之洞的期望，比起那个抽大烟的弟弟张仁蠡来还有些成绩，但他的所作所为，却完全是背道而驰……

13

“志患不立，尤患不坚”

——（清）左宗棠

人物简介

左宗棠（1812—1885），字季高，又字朴存，号湘上农人。晚清重臣，军事家、政治家、著名湘军将领，洋务派代表人物，官至东阁大学士、军机大臣，封二等恪靖侯。一生经历了湘军平定太平天国运动、洋务运动，平叛陕甘同治回乱和收复新疆维护中国统一等重要历史事件。他生性颖悟，少有大志，刻苦读书。后来又博览群书，钻研兵法。离世之后追赠太傅，谥号“文襄”，并入祀昭忠祠、贤良祠，后世将其与曾国藩、李鸿章、张之洞并称“晚清中兴四大名臣”。

家书摘编

孝威、孝宽：

读书做人，先要立志。想古来圣贤豪杰是我者般年纪时，是何气象？是何学问？是何才干？我现在那一件可以比他？想父母送我读书、延师训课，是何志愿？是何意思？我那一件可以对父母？看同时一辈人，父母常背后夸赞者是何好样？斥詈者是何坏样？好样要学，坏样断不可学。心中要想个明白，立定主意，念念要学好，事事要学好，自己坏样一概猛省猛改，断不许少有回护，不可因循苟且。务期与古时圣贤豪杰少小时志气一般，方可慰父母之心，免被他人耻笑。

志患不立，尤患不坚。偶然听一段好话，听一件好事，亦知歆动羡慕，当时亦说我要与他一样。不过几日几时，此念就不知如何销歇去了，此是尔志不坚，还由不能立志之故。如果一心向上，有何事业不能做成？陶桓公有云：“大禹惜寸阴，吾辈当惜分阴。”古人用心之勤如此。韩文公云：“业精于勤而荒于嬉。”凡事皆然，不仅读书，而读书更要勤苦。何也？百工技艺，医学、农学均是一件事，道理尚易通晓；至吾儒读书，天地民物莫非己任，宇宙古今事理，均须融澈于心，然后施为有本。人生读书之日最是难得，尔等有成与否，就在此数年上见分晓。若仍如从前悠忽过日，再数年依然故我，还能冒读书名色充读书人否？思之，思之！

……

读书用功，最要专一无间断。今年以我北行之故，亲朋子侄来家送我，先生又以送考耽误功课，闻二月初三、四始能上馆。所谓一年之计在于春者又去月余矣！若夏秋有科考，则忙忙碌碌又过一年，如何是好？今特谕尔：自二月初一日起，将每日功课，按月各写一小本寄京一次，使我查阅。如先生是日未在馆，亦即注明，使我知之。屋前街道，屋后菜园，不准擅出行走。如奉母命出外，亦须速出速归。“出必告，反必面。”

断不可任意往来。同学之友，如果诚实发愤，无妄言妄动，固宜引为同类。倘或不然，则同斋割席，勿与亲昵为要。家中书籍，勿轻易借人，恐有损失。如必须借看者，每借去，则粘一条于书架，注明某日某人借去某书，以便随时向取。

家书大意

孝威、孝宽：

读书做人，首先要立下一个志向，你们要想想古代的圣贤豪杰，在你们这个年纪，事业、才学、见识都是何等境界？你们哪一件比得上他们？父母请老师教授你们，是出于什么样的期望？你们又有哪些成绩对得起这份期望？再看看同龄人中，哪些人受到父母夸赞，哪些人又受到父母责骂？这些都要想个明白，然后确立自己读书的目标，定下志向，处处追求进步，不放过一个缺点，切不可自我姑息，得过且过。力求要与古代的圣贤豪杰当年一样，有大志向，才能让父母宽心，也免于被他人耻笑。

立志重要，立志之后，坚定志向更重要。一

听到某人积极上进的事情，大受刺激之下，嘴上说要加以效仿，没过几日就又放弃，回到老样子。这就是志向不够坚定，实际上也就是没有真正立志。如果一心向上，志向坚定，有什么事情是做不成的？古代圣贤在这方面有过许多的名言警句……这些话对于任何事情都适用，但特别适用于读书，为何？因为很多事情都能通过熟能生巧来做到，但读书就不一样，读书要求必须先领会书中所写的许多道理，小到一草一木，大到天地宇宙，然后才能在实践中加以运用，不加倍勤奋怎么行？人生能够用来专心读书的时间并不多，几年之间就会见分晓。如果你们像以前那样嬉笑度日，几年之后学业还是老样子，还有资格继续冒充读书人？好好反思一下吧！

……

读书学习，要始终专一，不可间断。今年因为诸多事情耽误了你们进学堂的时间，眼看春天就要过了，如果夏天又有其他事情耽误的话，那么这一年你们也差不多就混过去了，这怎么行！从二月初一开始，你们要将每天的功课都抄录下来，按月寄送给为父检查。如果哪天老师不在学堂，未布置功课，也要注明。没有长辈的命令，不许擅自外出。同学之中，如果为好学上进者，那还是可以交为朋友。如果是顽劣戏耍之徒，那就要与之划清界限，切不可往来。家中的藏书，也不要轻易借给他人，若有损坏那就太可惜了。实在要借，也要写下借条，注明日期，以提醒自己去催人归还。

家风故事

在这封写给儿子的家书中，左宗棠特别强调要“立志”，但到底立何志？他却并未言明，但从他的家风思想以及他一生的经历来看，这个志，无疑当是“报国”。

左宗棠也是晚清名臣之一，但与曾国藩、李鸿章、张之洞等人不太一样的是，他出身最为贫寒。在其还是婴儿时，因为家境艰难，营养跟不上，母亲没有足够的乳汁，又无钱雇用奶妈，只得用米汤来喂养他。在遭遇饥荒时，这个家庭窘迫到只有靠糠饼活命——碎米、糠皮加上野菜等糅在一起的灾年食物。后来左宗棠就曾在家书中告诫子孙，不要忘记家族的穷困史，更不能丢掉俭朴的生活作风：“吾家积代寒素，先世苦况，百纸不能详……”

但他的家族又有一股颇为深厚的书香味道，七代先祖都是秀才。虽然这些秀才均未获得一个仕途上的良好发展，反而因为生活贫寒而度日颇艰，但都有一种位卑未敢忘忧国的胸怀，如左宗棠的祖父左人锦便以“勇于赴义”而著称。

在这种家风熏陶下，左宗棠的学问极为扎实，虽然长期考不上功名，是科举路上的一个失败者，却得到了当时一些有识之士的赏识和推崇。比如林则徐，就曾与“草民”左宗棠彻夜长谈，并认定将来若西北有事，那么平乱者必此人，在给自己子女的家书中，还称赞左宗棠是一位“绝世奇才”。而比林则徐资历还要老的名臣陶澍，因为看到左宗棠的一副对联，就觉得此人不凡，一番接触之后，不仅认为他将来的成就绝对在自己之上，更提出要在死后，将自己唯一的儿子托付左宗棠照顾。

这些人没有看错，虽然左宗棠在考试舞台上长期名落孙山，但在历史舞台上，他却大有一番作为。

他的崭露头角，是在太平天国起义时期，在一些巡抚级别高官的请求下，以幕僚身份开始。其高峰阶段，则是后来沙俄企图侵占新疆，朝廷对于是否要派兵收回争论不休之时，他以自己详细的分析与精确的计算，说服决策层，并得到授命，统领数万大军，踏上西征之路，在他身上，还带着已故“忘年之交”林则徐所绘制的新疆地图。

从中原通往新疆，要经过数千里大漠，许多地方都荒无人烟，光是兵力运送、后勤补给，就已充满了变数和危险，对手又是连英、法都要惧怕三分的沙俄，如果战事持久的话，那么极有可能失败，到时左宗棠必然会成为罪臣。

西征之路，每一步都走得很艰难。而左宗棠却全然不惧，年近七十的他，是抬着棺材出征的。与他一同出征的，还有长子左孝威，也就是这封家书的对象之一。

上阵父子兵，同怀报国志。

这个儿子与左宗棠很是类同，也是科举考试的失败者，但在处理实际事务时，却有很高的才干，特别熟悉军务，在军中相当于左宗棠的参谋。能有一个传承左家家风的好儿子陪伴自己，左宗棠收复新疆又多了几分信心。

不幸的是，在大军进入新疆，取得节节胜利之时，左孝威染上疾病，病情很快恶化，匆匆将其送回中原不久，便离世而去。

此事给予左宗棠极大打击，但并未让他有绝望之感，因为左家并不缺少传承了好家风的好子孙。

次子左孝宽、三子左孝勋、四子左孝同都在朝廷做过一段时间级别不大的官职，后来要么退隐，要么病亡，他们在学问上虽不及父亲那样辉煌，但也是各有所长，为官期间，则是多有惠民之举。

更让左宗棠欣慰的是，当一些晚清名臣的家族因为各种原因开始畸变，出现一些抽大烟、赌博、嫖妓的败类时，左家家风始终没有偏移，清廉俭朴、勤奋上进、忠勇报国一直是左家子孙的信条，也是左家子孙立志的主题。

如曾孙左景鉴，是新中国有名的外科专家。他幼年时父母双亡，成长极为不易，在艰苦条件下苦学成才。他不忘左家家风，在教育子孙时表示，先祖左宗棠为晚清重臣，留下的却并非万贯家财，而是一种家风，这才是左家真正的财富。在这种家风教导下，他的儿子左焕琮后来成为著名神经外科专家，女儿左焕琛成为著名医学教授。

又如另一位曾孙左景伊，是抗战时期派往美国的留学生，学成后归国，以满腔热情投入到新中国的建设事业中去，成长为著名的科学家，在化工领域作出了杰出贡献。得家风所传，他同时也是一位博学多才的学者，文史方面亦有相当功底。

14

“我亡，而国犹在也”

——（近代）谭嗣同

人物简介

谭嗣同（1865—1898），字复生，号壮飞，湖南浏阳人，中国近代著名政治家、思想家，维新派人士。其所著的《仁学》，是维新派的第一部哲学著作，也是中国近代思想史中的重要著作。谭嗣同早年曾在家乡湖南创办时务学堂、南学会等，主办《湘报》，又倡导开矿山、修铁路，宣传变法维新，推行新政。光绪二十四年（1898年）谭嗣同参加领导戊戌变法，失败后被杀，年仅33

岁，为“戊戌六君子”之一。

家书摘编

第一封

变法维新本未期其能成，弟之加入，目的本在以败为成，叫醒世人。真正以为能成功者，大概只有康先生一人而已。皇上是满人中大觉悟者，受我等汉人影响，不以富贵自足而思救国，以至今日命陷险地，弟义不苟生；兄等昆仑探穴，弟义不后死。特留书以为绝笔，愿来生重为兄弟，以续前缘。

第二封

不听训诲，致有今日。儿死矣！望大人宽恕。临颍依依，不尽欲白。

第三封

结缡十五年，原约相守以死，我今背盟矣！手写此信，我尚为世间一人；君看此信，我已成阴曹一鬼，死生契阔，亦复何言。惟念此身虽去，此情不渝，小我虽灭，大我常存。生生世世，同住莲花，如比迦陵毗迦同命鸟，比翼双飞，亦可互嘲。愿君视荣华如梦幻，视死生为常事，无喜无悲，听其自然。我与殇儿，同在西方极乐世界相偕待君，他年重逢，再聚团圆。殇儿与我，灵魂不远，与君魂梦相依，望君遣怀。

第四封

弟冲决网罗，著《仁学》以付卓如，朝布道，夕死可矣！《仁学》题以“台湾人所著书”，假台人抒愤，意在亡国之民，不忘宗周之陨。前致书我兄，勉以“吾党其努力为亡后之图”，意谓“国亡，而人犹在也”。今转而思之，我亡，而国犹在也。我亡，则中国不亡。嗣同死矣！改良之道，当随我以去；吾兄宜约轸兄东渡，以革命策来兹也。临颍神驰，复生绝笔。

家书大意

第一封

对于此次维新变法运动，我早就知道成功希望不大，但我依然加入，目的就在于要化必败为成功，用牺牲来唤醒国人。认为这次运动不会失败的人，大概只有康有为先生一人吧。当今皇上是已经有深刻觉悟的人，受到我们这些变法志士的影响，不以眼前的安逸为满足，而是力图奋发救国，结果招致如今自己也性命堪忧，那么我等又怎么能丢下皇上，忍辱偷生呢？你们想来救我，这份心意我很感动，但我已经决定一死。特地留下这封遗书，来生还愿意和你们做兄弟，以继续未尽的缘分！

第二封

儿子如今十分懊悔，未听从父亲大人的训诫，导致今天这般下场，希望父亲大人能原谅儿子，临别之际有许多话语，想说却又难以说出来了。

第三封

我与你（妻子）相依十五年，约定的是要同生共死，现在我要违背这个誓言了！我写下这封遗书时，还是活在世上的一个人，等你看到这封信时，我恐怕已经离开这个世界了。生死相隔，再无联系的可能。虽然我的肉体已经消亡，但我对你的情意却永远都不会消失，我的灵魂会一直常伴你左右。也希望你看破生死，不要因为我的离去而太过悲伤，我和我们夭折的儿子，会在另外一个世界等待你，到时候再团聚。

第四封

我冲破各种阻碍，写成《仁学》一书，已经死而无憾了！这本书以“台湾人所著”为题出版，实则是要借台湾被割让给日本的国耻，来警醒国人，要奋发振作起来。此前我曾写信告诉我的兄弟，我们维新党人努力的目的是要避免灭亡，意思是即便国家灭亡，这个国家的人还在，还有复国的可能。如今想来，我死了，中国还是不会亡的，还会有许多仁人志士起来抗争，那就还有希望，只是改良的办法，肯定行不通了。我就寄希望于你们，能用革命的办法，挽救中国！

家风故事

这四封家书是维新志士谭嗣同在踏上刑场之

前留下的遗书，其中有写给父亲的，也有写给妻子的，还有写给朋友的，内容与语气也各不相同。写给父亲的遗书中，谭嗣同的话不多，并以不听话的逆子形象自居，希望得到父亲原谅，似乎对于自己走上维新变法之路很是懊悔。写给妻子的遗书中，又充满了离别之伤痛，读来揪心。写给朋友的遗书中，则是以自己的慷慨就义，来激励他们继续为救国救民而奋战，甚至提到要发动革命，而不是继续走维新变法的道路。

这几封看似有些不相协调乃至还有些冲突的遗书所反映的，正是谭嗣同独特的家风，这种家风既与他的家族背景有关，又有时代背景的深刻印记。

谭家并非名门望族，其兴旺时期在明朝，先祖之中多有以军功起家的达官贵人，但到了明清易代之后，家势随之衰落，在昔日的显赫不再留存之后，谭家也开始弃武从文，开始形成古代中国常有的耕读家风。清朝初年的先祖谭世昌曾为这个家族制定了一系列的家训，其中内容以孝顺父母、兄弟友爱、治家勤俭、好学上进等为主，并训诫子孙要“代续书香”。此后谭家世代都有不少读书人，但始终没有一人能在科举路上获得突破，至多能在县级部门做一个小吏，常见的则是乡村私塾先生。

这种尴尬的状态常见于许多古代家族身上，比如曾国藩的家族也曾是几百年没有出一个秀才，张謇则因为家族好几代没有考取功名成了“冷籍”。这种状态也影响了家风，那就是在“代续书香”的过程中，一旦有一个人有一些读书的天赋，那就会特别发愤，也会被家族寄予特别大的期望。谭嗣同如此，他的父亲谭继洵也是如此。

谭继洵年仅六岁时，父亲就匆匆离世，留下母亲、他和另外六个兄弟姐妹，原本就比较贫寒的家庭，因此陷入更加艰难的境地。关键时刻，有一个名为谭继升的族人，承担起照护他们的责任，而此人不过是一个年仅十三岁的少年，也正在读书求学，他是放弃了自己的人生，来为谭继洵等人创造机会。这种牺牲自我的大爱精神，正是谭家家风精神的体现。

谭继升特别看重谭继洵，在其生病期间，悉心照料，彻夜不眠，以至于后来谭继洵好了，他却染上了顽疾。对于谭继洵的学习，谭继升更是重视，在十分拮据的情况下，也要聘请老师前来教授功课。谭继洵也是谭家数百年来难得一见的读书种子，领悟力很强，刻苦攻读，二十七岁时考上举人，开创了谭家的新历史。

在谭继洵考上举人之后不久，太平天国起义爆发，一场席卷大半个中国的战乱即将到来，许多读书人都投笔从戎，参与其中，以另外的方式获得了功名，并成为晚清王朝名重一时的官员。但谭继洵与他们不同，两耳不闻窗外事，一心只读圣贤书，依旧执着于他的科举之路，考中举人，还要考进士。他的打算，是要通过“纯正”的方式，以进士身份获得朝廷任命，然后出仕，步步升迁，到达高位。

与同时代的曾国藩等人相比，谭继洵的这种表现，在境界上无疑要低了很多，那也并非谭家家风的取向。谭家先祖要子孙“代续书香”，自然是有“学而优则仕”的目标，但同时也是为了让谭家子孙能以所学报效国家，圣贤书中所讲不也是“修身齐家治国平天下”吗？谭继洵却无视身边正在发生的一切动乱，依旧要看他的书，这种“沉着冷静”并不让人佩服。

令人感慨的是，那位有大爱精神的族人，谭继洵一家的恩公谭继升，则是挺身而出，与曾国藩等人一样，筹谋饷银，编练团练，护卫家乡，因战功被朝廷封为知县，看来他才是谭家家风真正的传承者。

而“发愤苦读”的谭继洵，在考得进士、出仕为官后，也是以勤勉、低调、循规蹈矩的形象出现在晚清政坛上。各方实力派人物对他的评价，也是以“老实听话”的口吻为主，如左宗棠称其“实心任事，勤慎有为”。他的家门，另一个谭家家族的代表人物、朝廷重臣谭钟麟则称其“才具稳练，不避劳怨”。这些话往好了说那是“勤吏”，往差了说那就是“庸吏”。更深层次的原因，则在于谭继洵根本就不具有什么为国为民的理想，他的谨小慎微，只不过是为了保住自己的官位。故而在后来与张之洞同处一地之后，对于强势的后者，他就“不敢与抗，谨饬自保而已”。

不料他的儿子谭嗣同，却自幼风貌就与父亲截然不同。

谭继洵也很重视对谭嗣同的教育，但因为公务繁忙，无暇多顾，谭嗣同十岁之后，就开始自寻名师。这些名师又多是忧国忧民的志士，主张“经世致用”，在他们的教导下，谭嗣同开始接触一些四书五经之外的东西，其中也包括西洋文化。结果是他对科举之路毫无兴趣，对于八股文更是厌恶，从其遗书来看，他那位靠科举成功的父亲，大约在此时就已经“介入”，但谭嗣同并未听从。

谭嗣同不仅在思想上相比于其父大有革新，在身体力行上更是让后者大为担忧。谭嗣同是一个文武双全之人，读书之余还爱好武术，并因此结交了一批江湖中人，在其父看来这都是危险之举。谭嗣同后来又参与“公车上书”，开始投身于维新运动之中，这让其父更加紧张。

后来维新变法失败，谭嗣同本来有机会可以

逃走，但他却放弃了，自愿为维新而死。从他的遗书来看，他实际上是十分担忧父亲因为自己受到连累，一番认错之语，也有减轻连带责任的用意，以免被朝廷迫害。儿子一死为天下，可怜老父悲断肠，谭嗣同在给朋友的遗书中，尽显大无畏的英雄志士气概，给妻子的遗书则是哀伤悲痛，而在给父亲的遗书中，则暗含有这样一种用意，虽然书书不同，却都充满了谭家家风的牺牲与大爱精神。

在谭嗣同就义之后，谭继洵被免除官职，成为平民，未遭杀害，不知其中是否有谭嗣同遗书起了作用。老来丧子的他，为自己的儿子写下了一副挽联：“谣风遍万国九州，无非是骂；昭雪在千秋百世，不得而知。”细细思索，其中也是大有深意，看来他也并非一个随波逐流之人，只不过是受制于时代所限、家境所制，要做一个循规蹈矩之人。对于为天下苍生而亡的儿子，他则认为那是一个英雄，不只是谭家的英雄。

15

“生是为中国，死是为中国”

——（现代）刘伯坚

人物简介

刘伯坚（1895—1935），四川平昌人，早年曾就读于成都高等师范学堂（四川大学前身）。1920 年赴欧洲勤工俭学，1921 年与周恩来等发起组织中国少年共产党，1922 年转为中国共产党党员。1923 年被党组织派往莫斯科东方大学学习。1926 年应邀在冯玉祥部任国民军第二集团军总政治部副部长，1928 年再次被派往苏联学习军事，并出席中共六大；1930 年到中央苏区后，任苏区工农红军学校政治部主任，1931 年底参与领导宁都起义并任红五军团政治部主任，后任中革军委总政治部宣传部副部长；中央红军长征后，留在苏区坚持斗争。1935 年 3 月率部队突围时不幸负伤被捕，3 月 21 日壮烈牺牲。

家书摘编

凤笙大嫂并转五六诸兄嫂：

本月初在唐村写寄给你们的信、绝命词及给虎、豹、熊诸幼儿的遗嘱，由大庾县邮局寄出，不知已否收到？

弟不意现在尚留人间，被押在大庾粤军第一军军部，以后结果怎样，尚不可知，弟准备牺牲。生是为中国，死是为中国，一切听之而已。

现有两事须要告诉你们，请注意！

一、你们接我前信后必然要悲恸失常，必然要想方法来营救我。这对于我都不须〔需〕要。你们千万不要去找于先生及邓宝珊兄来营救我。于、邓虽然同我个人的感情虽好，我在国外王叔振在沪时还承他们殷殷照顾，并关注我不要在革命中犯危险。但我为中国民族争生存争解放与他们走的道路不同。在沪晤面时，邓对我表同情，于说我所做的事情太早。我为救中国而犯危险，遭损害，不须〔需〕要找他们来营救我，帮助我，使他们为难。我自己甘心忍受。尤其须〔需〕要把我这件小事秘密起来，不要在北方张扬，使马二先生知道了，做些假仁假义来对付我。这对于我丝毫没有好处，而只是对于我增加无限的侮辱，丧失革命者的人格。至要至嘱（知道的人多了就非常不好）。

二、熊儿生后一月，即寄养福建新泉芷溪黄荫胡家；豹儿今年寄养在往来瑞金、会昌、雩都、赣州这一条河的一只商船上，有一吉安人罗高，廿余岁，裁缝出身，携带豹儿。船老板是瑞金武阳围的人，叫赖宏达，有五十多岁，撑了几十年的船，人很老实。赣州的商人多半认识他。他的老板娘叫郭贱姑，他的儿子叫赖连章（记不清楚了），媳妇叫做梁照娣。他们一家人都很爱豹儿，故我寄交他们抚育。因我无钱，只给了几个月的生活费，你们今年以内派人去找着，还不至于饿死。

我为中国革命没有一文钱的私产，把三个幼儿的养育都要累着诸兄嫂。我四川的家听说久已破产，又被抄没过，人口死亡殆尽。我已八年不通信了。为着中国民族，就为不了家和个人。诸兄嫂明达，当能了解，不致说弟这一生穷苦，是没有用处。

诸儿受高小教育至十八岁后即入工厂作〔做〕工，非到有自给的能力不要结婚，到卅岁结婚亦不为迟，以免早生子女自累累人。

叔振仍在闽，已两个月余不通信了。祝诸兄嫂近好！

弟　坚

三月十六日于江西大庾

家风故事

这是刘伯坚1935年3月初被俘不久后所写的家书。在家书中，他谆谆嘱告亲人要继承他毕生为之奋斗的革命事业，充分表达了一个共产党人坚定的革命信仰和催人泪下的家国情怀。家书中“生是为中国，死是为中国”一句至今读来仍让人热泪盈眶，感慨万千。

1934年10月，中共中央和中央红军主力撤离中央革命根据地，实行战略转移。时任红五军团政治部主任的刘伯坚，奉命随项英、陈毅一道留在中央苏区坚持敌后斗争，被派往赣南军区任政治部主任。蒋介石调集十几万大军包围了中央苏区。1934年11月，宁都、瑞金、于都、会昌先后失守。1935年初，刘伯坚与赣南省委书记阮啸仙、省军区司令员蔡会文、少共书记陈丕显等，率领独六团以及机关、剧社、报社的工作人员2000余人，开始向油山突围。3月4日，刘伯坚在塘村附近指挥部队突出重围时，左腿中弹不幸被敌人俘虏。

当时国民党政府曾悬赏5万银元“通缉”刘伯坚。刘伯坚被俘之后，马上被敌人认出。解放后缴获的国民党档案中有当时的审讯记录，敌人问：“你们共产党有办法，为什么现在一败涂地?”刘伯坚回答：“胜败乃兵家常事。古人说，‘野火烧不尽，春风吹又生’。只要革命火种不熄，燎原之火必将漫天燃起。”

他先被押在驻信丰的国民党粤军第一军第一师第一团团部，在拒绝劝降后于3月9日被解往粤军第一军军部大庾（今大余县），囚禁在大庾监狱。期间，曾转监至绥靖公署候审室遭审讯。粤军团长曾劝刘伯坚要顺应“潮流”，“识时务者为俊杰”，遭到拒绝。粤军团长后来对人说：“刘伯坚这个人，真不愧是特殊材料制成的共产党员！”

刘伯坚曾被押往大庾县游街示众，他昂首挺胸，不断向街道两旁的老百姓微笑点头。当天晚上，他在狱中写了一首《带镣行》：“带镣长街行，蹒跚复蹒跚，市人争瞩目，我心无愧怍。带镣长街行，镣声响铿锵，市人皆惊讶，我心自安详。带镣长街行，志气愈轩昂，拼作阶下囚，工农齐解放。”这首诗后来被收入音乐舞蹈史诗《东方红》。

由于刘伯坚曾经出任过西北国民军联军政治部部长，协助冯玉祥参加国民革命，国民党军中许多要员都曾经是他的同事，因此，敌人要求，只要他写悔过书并指认同时被捕的同志，他就能获得自由。刘伯坚严厉拒绝，只是要求他们：希望能在生命的弥留之际，给家里寄几封最后的家书。昔日的老友出于对他人格力量的敬佩，同意了他的要求。

这些家书也就是他的遗书，本文所选正是其中之一。在这封家书中，最让他挂念的就是三个儿子。

他在家书中写道："我为中国革命没有一文钱的私产，把三个幼儿的养育都要累着诸兄嫂。我四川的家听说久已破产，又被抄没过，人口死亡殆尽。我已八年不通信了。为着中国民族，就为不了家和个人。"

从这段话可知，刘伯坚为革命事业牺牲奉献，没有任何私人利益考虑，但他同时又是一位慈爱的父亲，临刑之际，最为挂念他的三个儿子。

刘伯坚共有三个儿子，大儿子刘虎生、二儿子刘豹和三儿子刘熊生，在他被捕之前，他的三个儿子都分别送给了别人。

1930年，刘伯坚夫妇在去往中央苏区前，将长子刘虎生送给了凤笙大嫂，上海一别，虎生再也没有见过父母。年幼的虎生从小就被舅妈教导不许与别家的孩子接触，不许跟别人说自己的家事，如果被敌人知道，就会被抓走。他们的生活极其拮据，全部的经济来源只能依靠做小学教员的表姐每月的3块银圆，家里吃的都是一些市场上最次的大米。在虎生童年的记忆中，每次买回米来，就倒在桌子上，与姐姐一起拣石粒，一遍遍经过筛选之后的大米才能用来做饭充饥。1938年，虎生被西安的党组织找到，送往延安。

二儿子刘豹被刘伯坚托付给了一位名叫郭贱姑的老乡，当时这个儿子才三岁。郭贱姑是江西瑞金五阳县的一个船户，她将刘豹领养之后，为了保护刘豹，设法隐瞒，没有让村里人知道这个孩子是刘伯坚的儿子，只说是从广东那边买来的，也将他改名换姓为邹发生。刘豹在极度贫寒中度过了他的童年和少年时期。直到新中国成立后，党组织根据周恩来同志保存的刘伯坚在狱中的第一封家书，也就是这封家书，才找到了他。

三儿子刘熊生，出生才几十天，就因为处境危险，母亲王叔振被迫将他送给了当地的一个姓黄的家庭，为了日后能够找到儿子，王叔振也给刘熊生留下了一封家书：

“刘门王氏生下小儿名叫熊生，今送给黄家将其抚养成人，虽长大在黄家，承前启后，但木有本水有源，父母恩深不可忘记，仍要继我等志愿，为革命效力，争取更大光荣，特留数语以作纪念。”

在刘伯坚就义前几天，王叔振也英勇就义。

三个孩子的父母双双为革命牺牲，而他们都在极其艰难的环境中长大成人，并先后被中央找到。他们也各自成长为了有用之才，继续实践着父亲刘伯坚“生是为中国，死是为中国”的家风精神。

刘虎生成为新中国第一代高级工程师和全国劳动模范，刘豹也成为一名高级工程师。三儿子刘熊生直到 1965 年，才终于知道了自己的身世。在战争时期，为了保护他，养育他的黄家男主人牺牲了，为了让他能够上学读书，黄家卖掉了自己的亲生骨肉。刘熊生在知道这一切后，再也没有离开过哺育他的那一方土地，他一方面继承了生身父母的革命遗志，朴实干事，纯真做人；另一方面他要为养育他的父母坚守孝道，厚报养育之恩。此后，刘熊生从没因为自己是革命烈士的后代而对工作和生活有什么特别的要求，他当了整整一辈子的山村农民，于 1999 年去世。

16

“恨不能死于战场耳”

——（现代）王若飞

人物简介

王若飞（1896—1946），幼年原名大伦，小名运笙（运生）、荫生，号继仁，曾用名王度、雷音，参加革命深入敌后化名黄敬斋。王若飞出生在贵州安顺。杰出的共产主义先驱、中共领导人，老一辈无产阶级革命家，著名的“四八”烈士。青年时代，王若飞参加过辛亥革命和讨伐袁世凯运动。1922 年 6 月，王若飞与赵世炎、周恩来等发起成立“旅欧中国少年共产党”，积极从事马列主义的宣传。1923 年由法国共产党党员转为中国共产党党员，先后任豫陕区党委书记、中共中央秘书长、江苏党委省农委书记，并作为中共代表团代表之一，与毛泽东、周恩来赴重庆谈判，同国民党政府签订了著名的《双十协定》。1946 年 4 月 8 日，王若飞乘飞机回延安，因飞机失事于山西兴县黑茶山不幸遇难，终年 50 岁。

家书摘编

铭兄：

岁尾年头，最易动人怀抱。况我今日处境更觉百感烦心，念国难之日急，恨己身之蹉跎。冲天有志，奋飞无术。五更转侧，徒唤奈何！虽然楚囚对泣，唯弱者而后如此。至于我辈，只有隐忍以候。个人生命，早置度外。居狱中久，气血渐衰，皮肉虚浮，偶尔擦破，常致溃烂。盖缘长年不见日光，又日为阴湿秽浊所熏染。譬之楠梓豫章之木，置之厕所卑湿之地亦将腐朽剥蚀也。又冬令天短，云常不开；又兼房为高墙所障，愈显阴黑，终日如在昏幕〔暮〕中，莫能细辨同号者面貌。人间地狱，信非须语。有人谓矿工生活，是埋了没有死，大狱生活，是死了没有埋。交冬以来，吾日睡十四小时（狱规：晚六时即须就寝，直至翌晨八时天已大明方许坐起），真无殊长眠。当吾初入狱时，见一般老号友对于囚之死者，毫无戚容，反谓“官司打好了”，深诧其无情。后乃知彼等心理皆以为与其活着慢慢受罪，反不如死爽快也。

以上琐碎叙述大狱生活，吾兄阅后，或将以为弟居此环境中，将如何哀伤痛苦，其实不然。弟只有忧时之心。一息尚存，终当努力奋斗。现时所受之苦难，早在预计之中，为工作过程所难免，绝不值什么伤痛也。因此弟之精神甚为健康，绝不效贾长沙之痛哭流涕长太息；惟坚忍保持此健康之精神。如将来犹有容我为社会工作之机会，固属万幸，否则亦当求在狱能比较健康而死，弟并无丝毫悲观颓丧之念也。与吾同号者，尚有五人，彼等官司皆在十年以上，时常咨嗟太息，以为难望生出狱门，我尽力慰解彼等，导之有希望，导之识字读书，导之行乐开心（下棋唱歌），一面使彼等有生趣，一面使我每日的生活亦不空虚。当彼等诅咒此大狱生活时，我尝滑稽地取笑说：“我们是世间上最幸福的人。每天一点事不做，一点心不操，到时候有人来请睡，一睡就是十四点钟；早上有人来请起，饭做好了就请我们吃；难道还不够舒服么？”同时又叙述遭受天灾或兵灾区域难民的痛苦，冰天雪地中沙场战士的生活，我们较之，实已很舒服。自然任何人都愿在沙场征战而死，不愿享受大狱的舒服。吾之为此言，一面取笑，一面亦示人世间上有其他痛苦存在，不可只看到自己也。即如吾兄现时之生活，想来亦必有许多难处，不过困难〈的〉内容性质与弟完全不同耳。弟处逆境，与普通人不同处，即对于将来前途，非常乐观。这种乐观，并不因个人的生死或部分的失败、一时的顿挫，而有所动摇。弟现时所最难堪者，为闲与体之日现衰弱，恨不能死于战场耳！每日天将明时，枕上闻军营号声，不禁神魂飞越！嗟乎！吾岂尚有重跃马于疆场之日乎？

一九三三年一月

家风故事

这封家书是王若飞写于狱中的多封书信之一。

1931年，王若飞以客商“黄敬斋”身份为掩护，来到内蒙古地区，开展革命工作。1931年11月21日晚，因叛徒出卖，身在包头的他，被国民党反动派逮捕，在狱中关押近六年之久。1937年5月全国抗战爆发前夕，被党组织营救出狱。

在这六年里，敌人软硬兼施，但王若飞始终没有屈服。更令人感慨和敬佩的是，他在狱中坚持锻炼身体，教授狱友读书识字，传递革命思想，其坚韧顽强甚至连敌人中的一些人都为之而感化。

在他的这封家书中，就有许多这方面的反映。

如：“弟之精神甚为健康，绝不效贾长沙之痛哭流涕长太息；唯坚忍保持此健康之精神。如将来犹有容我为社会工作之机会，固属万幸，否则亦当求在狱能比较健康而死，弟并无丝毫悲观颓丧之念也。”

王若飞以西汉文学家贾谊之死为反面例子，表明自己绝不会软弱，以痛哭流涕来作为解脱，而是要以积极的精神、乐观的态度，来保持昂扬的革命斗志。

又如：“与吾同号者，尚有五人，彼等官司皆在十年以上，时常咨嗟太息，以为难望生出狱门，我尽力慰解彼等，导之有希望，导之识字读书，导之行乐开心（下棋唱歌），一面使彼等有生趣，一面使我每日的生活亦不空虚。”

与王若飞关在一个牢房的狱友，原本都精神颓废，对人生失去希望，而在王若飞到来之后，他们开始读书识字，下棋唱歌，面貌大变。

但王若飞也在家书中表达了自己的忧虑与悲愤，那就是不知道自己将来还有没有机会可以重返疆场，为国效命——“弟现时所最难堪者，为闲与体之日现衰弱，恨不能死于战场耳！”

这种顽强、乐观、忧国忧民的精神，是王若飞作为一个优秀共产党人的素养，也是他的家风。这种家风源于他的一位舅父，一位著名的爱国民主人士。

黄齐生，原名鲁连，祖籍江西抚州，后移居贵州安顺。他出身贫寒，十余岁就进入商铺当学徒，饱受折磨。但他坚持学习，不仅读完许多古代典籍，还接触了一些西方政治、哲学方面的书籍。辛亥革命之后，他开始兴办教育，并参与爱国运动。当袁世凯在日本提出的“二十一条”上签字消息传来后，他带领自己的学生参加游行示威，发起救国运动。袁世凯称帝后，他又以自己所办学校的名义通电响应云南讨袁，写信说服当地的军队统帅讨袁，促成滇黔联合行动。后来他又作为贵州代表赴昆明，前往云南与著名的云南都督蔡锷商议讨袁事宜。

王若飞，黄齐生的外甥，就一直跟随在身边，并由此开始踏上革命道路。

当中国陷入军阀混战之局面后，一些仁人志士都将目光投向了海外，希望能从那里寻求到救国救民的良方。黄齐生就先后组织贵州学生到日本、欧洲以勤工俭学的方式留学学习。年近四十的他，一路上要为学生们的方方面面操劳，甚至还曾去当工人以赚取生活费用。但他始终以顽强、乐观的精神，引导学生们积极向上。王若飞也就是在此时，开始接受马克思主义思想的洗礼，并参与发起成立旅欧中国少年共产党，积极从事共产主义的宣传活动。对此，黄齐生十分支持。

后来，王若飞因创办进步刊物而遭当局驱逐，不得不辗转到莫斯科。舅甥分别后，黄齐生回到贵州，不久便被反动势力以“接近共产嫌疑，主张自由恋爱”罪名通缉，被迫流亡到四川。顽强的他，没过多久便又开始从事进步的教育活动。他的外甥王若飞则已经成为一名中国共产党党员，并在苏联莫斯科进行了学习。回国后，先后任中共北方区委巡视员、中共豫陕区委书记，领导了河南党的建设和工农运动。1926年调上海任中共中央秘书部主任（即秘书长），参与处理中央日常工作，并参与上海工人三次武装起义的组织领导工作。大革命失败后，先后任中共江苏省委常委、农民部部长和宣传部部长。

1928年6月，赴莫斯科出席共产国际第六次代表大会，后任中共驻共产国际代表团成员并入列宁学院学习。1931年回国，任中共西北特委特派员，参与领导西北地区包括陕、甘、宁、晋、绥、新等地农民斗争，开展土地革命。

当王若飞在包头被捕之后，得知噩耗的黄齐生立即前往探视，并设法营救。王若飞则在写给舅父的家书中，以顽强不屈、乐观向上的态度表明心迹，这既是一个共产党人的革命气质，也是他从舅父那里传承而来的家风精神。

在家书中，王若飞写道：

“我们现实正处在人类历史上一个巨大变革的时代，剥削者正要被人剥削的时代。不过这不是简单的循环往复，而是要实现消灭阶级，消灭人剥削人制度的新社会。要实现人类真正平等，比现在更丰富快乐美满的社会……劳动者成为一切的主人。对于从前这般吸吮别人血液来养活自己的剥削阶级，为防他们的反动复辟，还在实际生活中，加上一些严苛的限制。过去尊荣富贵的人，现在变成了最受侮辱贱视的人。过去被侮辱贱视的人，现在成为一切的主人，成为人类更丰富快乐的新社会的建设者，根本消灭剥削人的制度。人类的历史上，将歌颂这一伟大的变革。”

他还称赞舅父：

“舅父过去的生平，没有流俗所谓‘赫赫之名’‘炎炎之功’，但舅父确为社会做了许多有益的工作。……所以舅父现时的生活，应该是可快乐的，舅父今年的生日是值得庆祝的，让流俗的人们，现在来讥笑舅父的清贫；让现在那些有钱有势的人们去夸张自己的荣誉，这对舅父有什么损害呢？”

抗战胜利前后，王若飞作为中国共产党代表之一，多次参加同国民党的谈判。1945 年 6 月，在中共七大上当选为中央委员。抗战胜利后，随同毛泽东、周恩来赴重庆，参加国共两党和平谈判。1946 年 1 月，他代表中共方面出席在重庆召开的政治协商会议。

1946 年 4 月 8 日，王若飞携带着中共代表团就宪法、国民政府组成等问题同国民党谈判的最后方案，他的舅父黄齐生也在代表团中。当他们乘飞机离开重庆返回延安，准备向中共中央请示汇报的路上，因天气原因，能见度很低，飞机中途迷失方向，不幸在山西省兴县黑茶山上撞山坠毁，同机 13 人全部遇难。

17

“我时时觉得对国家、社会贡献太少”

——（现代）吴玉章

人物简介

吴玉章（1878—1966），原名永珊，字树人，四川荣县人。1906 年参加同盟会，1925 年加入中国共产党。我国杰出的无产阶级革命家、教育家，马克思主义历史学家和语言文字学家，新中国教育的开拓者。1948 年任华北大学校长，1950 年至 1966 年任中国人民大学校长，为中国人民大学的建设和发展作出了巨大的贡献。

家书摘编

本立、本渊、本浔、本蓉好孩子们：

你们的贺年信我收到后知道你们学习的成绩都好，使我非常喜欢。本蓉继续保持三好学生的名称；本浔最差的语文一课，这次期考也得了五分；本渊数学竞赛取得了全班第一；本立的学校一九五九年高考成绩是北京市第一，特别值得高兴的是你和同学们抱雄心、立大志、赶福建、超福建，要努力学习，成为全面发展的新人。同学们干劲都非常足。你想学尖端科学：原子能、自动化控制……总之什么最难学、什么最需要，你就想学那一门，任何困难你都不怕。这种坚强的意志是很可宝贵的。你决心要加入共产党，学习共产党员的道德品格，作一个红透专深的共产党员。这很好。现在你还是共青团员，到了合格的年龄自然可以入党，主要的是要政治挂帅，要作一个工人阶级知识分子，一定要有无产阶级的世界观，即马列主义的世界观。

去年年底中国青年杂志社特派了两个同志到广州来要董老和我对于青年在中国社会主义建设的新阶段中，要如何树雄心、立大志发表一点意见，我们的谈话登在一月这一期的《中国青年》杂志上，想你已看到了。这一期杂志上有很多好文章。还有《人民日报》今年一月一日《展望六十年代》和一月二十三日《社会主义建设的新阶段》这两个社论是极好的文章，最好的理论联系实际的读物，你必须读来背得。现在学校教学中所选的中文读物太不能令人满意了。我常告诉你们要把去年我在上海用拼音字母注音的党的六中全会《关于人民公社若干问题的决议》的第一大段约一千五百字读熟，就是为了补助你们的学习读物，必须用点苦功来记诵几篇文章，才能改善现在教学工作中最薄弱的语文教学课。语文和数学是学校学习时期最基本的两门课，你们四人数学都还好，就是语文差。本立这次的信写得很好，文笔通顺，志愿弘大，尤其可喜的是要作一个好共产党员，又红又专的工人阶级知识分子。党的决议和毛主席的著作是现代最好的文章，在书报上你们已经看见许多文章谈这一问题，你们必须细看和互相帮助学习和讨论。不要多花时间去看小说。两个小弟弟还小一点，理论高一点的书还不能看。大的两个已经十七八岁了，正是青年蓬勃发展的时期，必须趁此时机加十倍百倍地努力学习。

关于个人的品格也就是现在作一个共产党员的品格，你们要熟读刘少奇同志的《论党》和《论共产党员的修养》等书。人民大学出版的《中共八届八中全会学习文件汇编》中选有这些文章，可要来学。本立信上说你爸爸是一个非常好学的人，很有学问。不错，你父亲震寰是一个很好的水电工程师。他在法国毕业后就在法国作了几年工程师。一九三四年我要他到莫斯科来学马列主义的革命理论，他到后不愿到我们的训练班学习，要到苏联的建设委员会去作水电设计工作，苏联也很欢迎他，我不答应。杨松同志为他劝我说：他是专家，让他多作一些研究和取得经验，以便将来回国作我们的建设人才。我才答应了。一九三八年他同我回国后不久就在长寿龙渊洞作水电工程师，工作很有成绩。国民党人知道他是我的儿子，久已蓄意害他。一九四九年北京解放后，他很高兴，想把他的病医好后更好为人民政府工作，就在成都华西医院去动手术，两次开刀都延长到三四个钟头，终于把他害死了。

……

你说“要青出于蓝而胜于蓝”，后人要胜过前人，这是马列主义发展学说的真理。你要看上面所说人民大学出版的书二八一页列宁论马克思的辩证法一段就知道得清楚了。总之由你这次的信看来，你的志气是很好的，但是要虚心学习，不要骄傲自满，对人要和气亲热，走群众路线等等。至于你对我的估价很高，是的，我是有雄心大志的。我很小时自尊心很强，父、兄教导我要作一个顶天立地的有志气的人。

……

我们现在是处在社会主义阵营和帝国主义阵营斗争的时代，又是东风压倒西风，争取和平共处、和平竞赛，以利我们努力建设社会主义并向共产主义伟大目标前进的时代，国内外形势都大有利于我们。我很庆幸能在我们伟大的党和最英明的毛主席领导之下学习到许多东西，能作一些工作，能够很好地为人民作点有益的事情，来达到我“先天下之忧而忧，后天下之乐而乐”的素〔夙〕愿。

……

我时时觉得对国家、社会贡献太少，而党和政府给我以崇高的地位、优厚的待遇，特别是青年们及我所到地方的同志们、工农广大群众的欢迎接待，使我深深感激，而不敢不力求进步以报答党和政府及人民对我的厚爱。我并无过人的特长，只是忠诚老实，不自欺欺人，想作一个“以身作则”来教育人的平常人。我是以随时代前进不断改造自己，使不致成为时代落伍的人。我常常觉得自己缺点、错误总不能免，去年九月写了一个座右铭，你们曾经看到，因为用了许多典故，你们不易看懂，待我回北京后和你们细讲。写得太多了，两个小弟弟不易看懂，可请你们妈妈讲解一下。我二月五、六号就动身回四川家乡，把家乡的文改工作和人民公社试点工作的许多事情亲身去体验学习一下。在实践中来提高自己。我打算四月中回北京，望你们努力学习。

祝你们春节快乐！

你们的祖父　玉章

1960年2月1日

家风故事

这是吴玉章在1960年写给孙子孙女的一封家书。他在家书中勉励孙子孙女奋发学习，追求进步，“作一个红透专深的共产党员”“作一个工人阶级知识分子”，为社会主义建设和革命事业作出贡献。他同时在家书中以自己和自己儿子的经历，来告诉孙子孙女吴家的革命家风，要他们将这种精神传承下去。

吴玉章是一位著名的革命家、教育家，他的一生是追寻革命和献身教育的一生。在他身上所展现出来的革命家风，也与他自幼所受传统家风的熏陶关系密切。

吴玉章曾在一篇文章中，谈到自己幼年所受

的严格家庭教育：

“我童少年时代的家庭教育，多是‘富贵不能淫，贫贱不能移，威武不能屈’和‘临财毋苟得，临难毋苟免’等教育。在我刚懂事的时候，父亲就教育我长大后做一个‘顶天立地’的人。祖母对儿孙辈要求也很严，她力禁烟赌，不准妄取人物。常告诫说：‘小来偷针，大来偷金，不义之物，宁饿死，不接受。’‘从艰难困苦中长成的人才更有用。’并且从小就要我做如洒扫庭院、整理什物等儿童应做和可做之事，要我‘有始有终’。当亲朋夸奖我时，她就告诫亲朋说：‘不要过于夸奖他，锅盖子揭早了会出气。’这样，我也就不偷懒，不苟且，不半途而废。我的家庭也很注意对我进行历史教育。长辈们常常给我讲一些岳飞、文天祥、黄淳耀等人的历史故事，我也喜欢读这类书文。这样就逐渐培养起一种崇敬‘忠烈’、鄙视叛徒的思想情绪。这些教育，对于我后来参加革命活动，对于培养我的民族气节和革命气节，对于我参加革命后的生活习惯和作风，都曾发生过积极的影响。”

他还曾指出：“家庭教育的目的，不只是为了子女个人的前途，为了自己家庭的利益，而首先和主要的是为了国家的前途，为了革命的利益。这就是说，我们进行家庭教育的目的，主要是配合党和国家，把青年一代培养成革命事业的接班人。因此，我们老一代和家长们在家庭教育这个问题上，也要破除旧观点和旧影响，树立无产阶级新观点和新风尚，很好地担负起教育后代的责任。”

在他的影响和指引下，吴家的后代也纷纷走上了追求进步的革命道路。如吴玉章在这封家书中提到的吴震寰是他的独生子，出生于八国联军侵华之时，后来怀着救国救民的理想，前往法国留学，成为一名水电工程师，并加入了党组织。抗战期间，他在西南大后方设计修建了多座水电站，同时努力为党为革命工作。他作风俭朴，除了书以外，没有什么物质上的所好，所得津贴经常拿来接济困难同志和工友。在新中国成立前夕，他不幸被国民党反动派谋害。遇害之后，他留下的儿女都被父亲吴玉章接到身边抚养。吴玉章对这些痛失父亲的孙儿十分疼爱，但要求又十分严格，经常告诫他们要走群众路线，传承家风。

第三章　谦恭仁善

18

“显誉成于僚友，德行立于己志”

——（东汉）郑玄

人物简介

郑玄（127—200），字康成，北海高密（今山东高密县）人，为汉尚书仆射郑崇八世孙，东汉经学大师。曾入太学攻《京氏易》《公羊春秋》及《三统历》《九章算术》，又从张恭祖学《古文尚书》《周礼》和《左传》等，最后从马融学古文经。游学归里之后，复客耕东莱，聚徒授课，弟子达数千人，家贫好学，终为大儒。党锢之祸起，遭禁锢长达十四年，闭门注疏，潜心著述。以古文经学为主，兼采今文经说，遍注群经，著有《三礼注》《毛诗笺》《天文七政论》《六艺论》《中候》等书，共百万余言，世称“郑学”，为汉代经学的集大成者。

家书摘编

吾家旧贫，〔不〕为父母群弟所容，去厮役之吏，游学周、秦之都，往来幽、并、兖、豫之域，获觐乎在位通人，处逸大儒，得意者咸从捧手，有所受焉。遂博稽六蓺〔艺〕，粗览传记，时睹秘书纬术之奥。年过四十，乃归供养，假田播殖，以娱朝夕。遇阉尹擅埶，坐党禁锢，十有四年，而蒙赦令，举贤良方正有道，辟大将军三司府。公车再召，比牒并名，早为宰相。惟彼数公，懿德大雅，克堪王臣，故宜式序。吾自忖度，无任于此，但念述先圣之元意，思整百家之不齐，亦庶几以竭吾才，故闻命罔从。而黄巾为害，萍浮南北，复归邦乡。入此岁来，已七十矣。

宿素衰落，仍有失误，案之礼典，便合传家。今我告尔以老，归尔以事，将闲居以安性，覃思以终业。自非拜国君之命，问族亲之忧，展敬坟墓，观省野物，胡尝扶杖出门乎！家事大小，汝一承之。咨尔茕茕一夫，曾无同生相依。其勖求君子之道，研钻勿替，敬慎威仪，以近有德。显誉成于僚友，德行立于己志。若致声称，亦有荣于所生，可不深念邪！可不深念邪！吾虽无绂冕之绪，颇有让爵之高。自乐以论赞之功，庶不遗后人之羞。末所愤愤者，徒以亡亲坟垄未成，所好群书率皆腐敝，不得于礼堂写定，传与其人。日西方暮，其可图乎！家今差多于昔，勤力务时，无恤饥寒。菲饮食，薄衣服，节夫二者，尚令吾寡恨。若忽忘不识，亦已焉哉！

家书大意

我们家过去家境颇为贫寒，但父母兄弟对我很宽容，并未反对我辞去在官府当小吏的差事，还赞同我外出四方求学。我在家人的支持下，去了很多地方，拜访那些天下闻名的学者，从他们那里得到了许多知识。在这个求学过程中，我对于儒家典籍有了一定程度的了解和研究，还看到过一些罕见的古书。四十岁之后，为了奉养父母，我结束外出求学，回到故乡以耕读为生，日子过得平淡而快乐。不料后来遇上朝廷中宦官乱政，打击正直人士，我也被牵连其中，遭到禁锢长达十四年。赦免之后，我被地方上的官员推荐为人才，当时的大将军何进以此征召我为他的幕僚，朝廷也三番五次前来征召。如果我追求功名利禄的话，我的名字早就能放到不亚于宰相的位置。但我反思许久，认为那些朝廷重臣都有配得起他们官位的才干和美德，而我在这些方面还有不足，所以是不能去赴任的。另外，我人生的志向也不在于做官，而是在于整理传承古代圣贤的思想。所以当后来朝廷征召我为执掌全国农业的大官时，我并没有前往。再后来，遇上黄巾起义，兵荒马乱，在乱世中我四处躲藏，又辗转回到了故乡，如今我已年过七十。

虽然传统的儒学研究已经不再被人们所重

视，但我依旧不会放弃这个事业，并打算传给你。以后家事就都靠你来掌管，为父要专心于学术研究，不再为外界所干扰。即便是以前，除了君王征召、家中有丧事以及游历山水，为父也很少外出过。只是可叹你是独自一人，没有兄弟来帮你分担，家中大小事务都压在你一人的肩上。尽管如此，你也不能放弃学习，待人接物都要向君子之道看齐。对于那些很有修养的人，要谦恭。对于那些德行高洁之士，则要与他们为友。如果你能以美誉和美德而得到外界的认同，那么你的一生也就不会有遗憾了。为父虽然并无主政一方、造福百姓的政绩，却始终怀有淡泊名利的品格。为父对于自己在学术上的造诣还算满意，也对得起先祖和后人。让为父感到不安的是，先祖之墓地尚未修好，以及为父所爱之书大都已经破烂，乱世中找不到一个地方来将其重新书写，传给后人。现在我就像夕阳下山，时日无多，不知道还有没有机会来弥补这些事情。现在我家的境况，比起以前好了很多，你只要坚持耕读，勤劳不懒惰，应该不会受饥受寒。平时生活要有俭朴之风。能做到这些的话，我就会对你少一些担忧。你如果不听为父之训诫，我也无可奈何。

家风故事

这封家书的作者郑玄，是东汉末年的一位名士。他于东汉建安三年（198 年）写下这封家书，对象是他的独子郑益恩。内容主要是回顾了自己求学之经历，并以此来告诫儿子，不一定要在学问上效仿自己，但一定要传承自己身上那种谦恭低调、淡泊处世的家风。

郑玄出自一个历史悠久的家族，原本还是官宦世家，在西汉时很是显赫，但在进入东汉后家道就开始衰落，到了郑玄祖父一代时，已是乡间普通农户人家。

造成这种衰落的重要原因，就在于其家族秉持一种公正刚直的家风，在西汉末年得罪权贵，遭到迫害，东汉建立后，又一直不得豪强云集的朝廷所重用。

如西汉末年，郑家有一位名为郑崇的人物，心忧朝政腐败，经常站出来给皇帝提意见，以至于后来那位昏庸的皇帝不耐烦地说道：“我识郑尚书履声。”——我现在都能从走路的声音中分辨出是不是你来了，后世遂以“郑履”为正直官吏的代名词。可叹他的意见大多数都是石沉大海，获得采纳的几条又惹怒权贵，招致报复，最后被诬告成罪，死于狱中。

郑崇之后百余年，郑玄来到世上，迎接他的是一个贫寒之家。但郑家虽然衰落，对于学问的追求却并未丧失，郑玄自幼便得以接触到许多珍贵的典籍，大约是家族世代所相传。他天资聪颖，悟性颇高，有过目不忘的本事。有意思的是，他的学习路径，并非从背诵典籍开始，而是从研究术数开始，时间则是他八九岁时。这门学问是古代数学与神秘学的结合，《易经》便是其中之一。郑玄不到十岁的年纪，就已在这方面颇有一些功底，连许多研究术数的成年人都不是他的对手，可想而知，他的智商有多高。

在离开官场多年之后，这个家族的家风之中依然有公正刚直的存在，但更多的是主张谦恭低调，不轻易进入污浊的官场。故而郑玄虽然早有才名在外，却从不以此作为进身之阶，对于“学成文武艺，货与帝王家”的做法，他本人也很是鄙夷。这却恰恰是当时许多读书人所好之事，在东汉末年的乱世中，他们纷纷投入权贵、军阀的怀抱中，企图靠自己的那点才学博取一些功名利禄。这种人本事不大，野心却不小，为人也十分傲慢，充满了强烈的嫉妒心，与郑玄可谓是截然相反。

如他十二岁时，曾随母亲到一个财势雄厚的族人家中去做客，一同入座的客人，还有十多位穿着华丽、高谈阔论的所谓名士。因为家境贫寒导致的服饰朴素，这位母亲已经觉得面上无光，便催促郑玄在这些人面前赶紧露一手。但郑玄却表示：“非我所志，不在所愿也。”——在这种庸俗的场合做庸俗的事情，博得那些人假惺惺的称赞，不是我的志向所在，我也做不来。

那他的志向是什么呢？是系统学习自古以来的各类知识，然后加以整理，甄别错误，以传后世。

为此，如他在家书中所言，四处求学，拜于

那些有真才实学的名士门下，融会各家所长。他的求学一直持续到四十岁，因为父母年老需要奉养才告一段落。已经名满天下的郑玄，在老家过着耕读的平淡日子，四方慕名而来的学子多达上千人。于是，他又在耕读之余，做起了老师。

这是一个有巨大影响力的人物，虽然他谦恭低调处世，安于这种耕读教书的平淡生活，那些野心家却企图将他拉入麾下。许多朝中权臣都来征召，如果他愿意的话，位列三公、官至宰相并非难事，但郑玄无一答应。这种事情不止他一个人做，还有许多自命清高者也在做，但在对于如此而为的原因解释上，郑玄一点也不清高，而是一如既往的谦虚：“惟彼数公，懿德大雅，克堪王臣，故宜式序。吾自忖度，无任于此。”——我虽然精通书本知识，却并不具备做大官的才能和德行，所以还是老老实实地回去继续耕读教书吧。

待到黄巾起义爆发、东汉王朝崩溃之时，郑玄又成为各路军阀争夺的重要目标，先是大将军何进，然后是西凉军阀董卓，再然后是徐州刺史陶谦。这些人的麾下，可有不少读书人怀揣着“梦想”前去投奔，但郑玄依旧是拒绝不出，他在战乱中依然保持着谦恭低调的态度，过着俭朴的生活。此时跟随他的学生人数更多了，其中不乏已经在当时享有一定声誉的人物。

而在他写下这封家书后不久，就有一个态度比此前那些人强硬得多的军阀，前来“邀请”郑玄到他麾下去做一个谋士，这个人就是袁绍。

此人出于东汉王朝最具权势的豪门之后，看似颇有雄才伟略，实则属于志大才疏，更有嫉妒、偏狭等缺陷，非用人之主。郑玄对于他的邀请毫无兴趣，尽管袁绍当时正处于“事业上升期”，大有一统北方之势。更让他对袁绍产生反感乃至有些仇恨的是，其独生子郑益恩，也就是这封家书的对象，就是死在袁绍军队的刀剑之下。当时袁绍大军围攻郑玄的家乡，郑益恩在郑玄的命令下，率领族人加入到抵抗者之中，结果不幸战死。

后来袁绍以武力胁迫郑玄，让这位有丧子之痛与杀子之仇的七十余岁老者出席他主办的盛大宴会，并在席间安排了许多所谓的名士，故意以言语挑衅非难他。

面对这些与他小时候见过的货色并无多大区别的“名士”，郑玄没有再沉默下去，他一一加以回答，语气听来平静和缓，却字字都充满了强大的力量，驳得那些人哑口无言，袁绍更是目瞪口呆，惊呼道：“吾本谓郑君东州名儒，今乃是天下长者。夫以布衣雄世，斯岂徒然哉。”——我本来觉得你只不过是个有点名气的学者，现在才发现你是足以让天下人尊敬的长者，没有官位、没有权力，却能以平民身份称雄于世，道理就在于此啊！

19

“恭为德首，慎为行基”

——（西晋）羊祜

人物简介

羊祜（221—278），字叔子，泰山郡南城县（今山东省平邑县魏庄乡境内）人。西晋军事家、政治家、文学家。羊祜出身泰山名门望族羊氏家族，家族人才辈出，东汉名臣蔡邕为其外祖父，世代皆有人在朝为官。他的祖父羊续曾任南阳太守，父亲羊衜曾任上党太守，其姊羊徽瑜为晋景帝司马师皇后。羊祜在曹魏时代历任中书侍郎、秘书监等官职。晋武帝司马炎称帝后，羊祜深得司马氏信任，升任尚书左仆射、车骑将军，官至镇南将军。去世后被追认为“太傅”。

家书摘编

吾少受先君之教，能言之年，便召以典文，年九岁，便诲以《诗》《书》，然尚无乡人之称，无清异之名。今之职位，谬恩之加耳，非吾力所能致也。吾不如先君远矣！汝等复不如吾。咨度弘伟，恐汝兄弟未之能也；奇异独达，察汝等将无分也。恭为德首，慎为行基。愿汝等言则忠信，行则笃敬，无口许人以财，无传不经之谈，无听毁誉之语。闻人之过，耳可得受，口不得宣，思而后动。若言行无信，身受大谤，自入刑论，岂复惜汝？耻之祖考。思乃父言，纂乃父教，各讽诵之！

家书大意

我从小接受父亲的教诲，能开口说话时，就开始了读书启蒙，九岁时，就被教以古代的一些典籍。即便如此，在当地也没有得到邻居的惊叹，没有特别的名声，因为这在当时都是很正常的事情，我并不显得出众。我今天的官位和所蒙受的朝廷恩惠，更是远远超出了我的能力和贡献。我与父亲差得太远了，而你们又与我差得很远。要做大事，或者说养成大智慧、大学问，我看那都不是你们能做到的。只求你们在道德修养上注重谦恭谨慎。我希望你们为人处世以诚信为本，不可信口开河，不可议人是非，不可轻信谣言。对于别人的过失，听到就听到，但绝不能乱讲，要怎么做则要三思。如果不讲诚信，那就会遭到别人的陷害，甚至可能惹上牢狱之灾，到时候对于家族名誉的损害就太大了。你们要牢记我的教诲，时常把这些话拿出来读一读，想一想。

家风故事

这封家书的作者羊祜，是一位活动于三国后期的人物，虽然在《三国演义》这本小说中，其名气相当的小，但在历史上，他的名气却相当的大，且有他这般名气的人，羊家还不止一个。

羊家是一个显赫的官宦世家，从羊祜开始向

前倒数，九代先祖都是朝廷要员。如其高祖祖父羊侵，官居司隶校尉，手握监管京城大小官员之权，麾下直属武装力量在千人之上；曾祖父羊儒，官居太常，是仅次于三公的高阶职位；祖父羊续，官至南阳太守，那是当时天下最富庶的州郡；父亲羊衜，官至上党太守，上党是北方一要害之地。

家世如此显赫，羊家却从无骄横跋扈之态，相反，这个家族的家风一直注重清廉刚正。如其祖父羊续，在东汉末年出仕，被朝廷屡屡派往动荡不安的地区，他总是能以自己的才干和勇气，将当地治理得井井有条，后来成为东汉第一大州郡南阳的太守，其辖下城市数量接近四十，人口过百万。羊续到任之后，厉行清廉，对于那些前来送礼行贿者，统统拒之门外，连一条鱼也不接受，留下“悬鱼太守”的美谈。

但到了三国战乱时期，因为形势的变化，羊家的立身处世之道也开始有了一些调整。这个家族的清廉之风依然在，但在不得不面对如曹氏家族、司马家族这般强势之力量的情况下，低调谨慎，不轻易卷入政治漩涡之中，成了又一大原则。

羊祜即是这方面的典型代表。

如他在这封家书中所言，他自幼便受到父亲良好的教育，九岁时就开始学习一些古代的重要典籍，看来天分颇高。但他在家书中表示，自己这种表现在当时很是普通，所以不会得到人们的交口称赞，并强调自己一点也不出众。此乃谦虚之辞。

因为他在十多岁时，就以才学出众而开始得到一些人的欣赏，著名的夏侯家族就主动将一个女儿嫁给他，与羊家联姻。只是羊祜在家风影响之下，不愿意抛头露面，言行谨慎，从来不刻意卖弄，更不故作清高。当朝廷前来征召他为官时，他也是一直坚持不出，屡屡拒绝。

之所以如此，就在于他所面临之政局十分复杂。那是由曹操后代统治的魏国，但司马家族已有夺权之态，双方争夺十分激烈，这种激烈甚至超过了魏、蜀、吴三国之间的战争。一些缺乏智慧或者是别有用心的人，都忙着在此时投奔统治者曹氏家族。羊祜却看出曹家恐非司马家族的对手，但他也不因此就倒向司马家族，而是采取淡泊明志的方式，远离险恶与是非，这也就是他在家书中所言的大智慧、大学问。

话说司马家族控制朝政之后，那些曾经效忠于曹氏家族的人，自然是没有好下场的，羊祜的岳父魏国名将夏侯霸就被迫叛逃蜀国。但奇怪的是，羊祜却没有受到半点迫害，羊家也是安如泰山。更奇怪的是，羊祜依然按照礼法与岳父家的人来往，并照顾、接济他们，若按照一些人对于低调谨慎的理解，羊祜应该早早与之划清界限啊。

这就是羊祜所言大智慧、大学问的高明所在。他的家族是一个清廉刚正的家族，也是一个善良的家族，即便因为时势变化，要在处世风格上加以修正，但并不意味着从此就可以丢弃善良、丢弃清廉刚正，那样搞出来的低调谨慎是虚伪、小人之态，羊家的人学不来，羊家的家风也不允许。

长期拒绝卷入权力之争的羊祜，直到三十四

岁才出仕为官。为官之后，他也是尽量远离这种争斗，多次请求外派为官，工作中则是埋头做事，不掺和闲言闲语、是是非非。与他相反，当时有一些自认清高之徒，如嵇康即是一大代表，在治国理政上并无显著实绩，又看不惯司马家族的所作所为，就采取狂傲态度以对之，结果招来杀身之祸。而杀害嵇康的罪魁祸首钟会，对羊祜也很是忌惮，但后者的低调谨慎，让前者从未有过谋害的机会。

无奈司马家族就是看重了羊祜的才华，后来委以重任，羊祜在难以推脱之下，只得硬着头皮上任。他依旧以兢兢业业的态度履职，同时对那些和他站在一起的朝廷重臣抱以十二分的谦让。在司马家族篡夺政权，建立起西晋王朝之后，三番五次给羊祜加官晋爵，但羊祜深知这会招来旁人忌恨，从不敢接受，而拒绝这种赏赐，则成了让他劳心费神的事情。

在羊祜多次请求下，他在年近五十之时被外调到荆州地区，负责对付吴国。此地为西晋第一大战区所在，羊祜到此地后，立即展现出他在战略上的才华，采取怀柔战略，以德服人，重在收服吴国人心，以为将来一统天下做好铺垫。

他远离了朝堂，却并未远离小人的谗言。那些曾经与他站在一起的朝中重臣，多有“酷爱”争权夺势者，这些人没事就喜欢在皇帝面前搬弄羊祜的是非，称其在荆州按兵不动，怕是别有企图，甚至还有人直接举报羊祜与吴国勾结。

这些人之中，有一个竟然是羊家的亲戚，羊祜之堂孙王衍。此人喜好清谈，也就是空谈，嘴巴里说的都是圣贤大道理，实则满是私心，一心为己，毫不为国，羊祜十分厌恶他，只不过没有在他面前表露出来，而是对自己身边人表示，这个晚辈将来怕是要误国。王衍得知后，大为恼恨。恰好他有一个兄弟王戎在羊祜麾下为将，因作战不力差点被军法从事。两兄弟从此纠结在一起，在京城散布关于羊祜的坏话。

对此，羊祜倒不怕，皇帝对他还是十分信任的，但他怕自己去世之后，羊家之人没有那种大智慧、大学问，亡于这些小人的谗言之中。为此，他在羊家内部很强调低调谨慎，这封家书，也是出自这种苦心而作，其中之精髓，就在于“恭为德首，慎为行基”八个字。

而从其家人表现来看，能领会这八个字的人却并不多，反而有一些家人，最初还能有些清廉刚直、低调谨慎的风范，一旦登上高位就忘乎所以，奢靡腐败，骄横跋扈，最终死于非命。

如羊祜的堂弟羊琇，就是这样一个人，他早年以德行和智谋闻名，后来得到朝廷重用，就开始以腐朽生活和待人傲慢而闻名于世。他有多傲慢呢？连羊祜临死前向朝廷推荐的杜预都不放在眼里。具有讽刺意味的是，他曾因奢靡、傲慢而受到司隶校尉的检举，若不是皇帝有心庇护，只怕就要受到严惩。这个官职，羊家先祖曾做过，是监管官员的，到现在却让羊家的子孙成了被监管的对象，看似奇怪，但只要想一想羊家的家风、羊祜的家书，就会有答案了。

20

“礼贤下士，圣人垂训；骄侈矜尚，先哲所去”

——（南北朝）刘义隆

人物简介

刘义隆（407—453），中国南北朝时期刘宋王朝的第三位皇帝，宋武帝刘裕第三子，424 年即位，在位 30 年，年号元嘉，谥号文皇帝，庙号太祖。刘义隆在位期间，励精图治，实行劝学、兴农、招贤等一系列措施，使百姓得以休养生息，社会生产有所发展，经济文化日趋繁荣，史称元嘉之治。但刘义隆三次北伐均告失败，导致国力受损，内忧外患，后被太子刘劭弑杀。

家书摘编

汝以弱冠，便亲方任。天下艰难，家国事重，虽曰守成，实亦未易。隆替安危，在吾曹耳，岂可不感寻王业，大惧负荷。今既分张，言集无日，无由复得动相规诲，宜深自砥砺，思而后行。开布诚心，厝怀平当，亲礼国士，友接佳流，识别贤愚，鉴察邪正，然后能尽君子之心，收小人之力。

汝神意爽悟，有日新之美，而进德修业，未有可称，吾所以恨之而不能已已者也。汝性褊急，袁太妃亦说如此。性之所滞，其欲必行，意所不在，从物回改，此最弊事。宜应慨然立志，念自裁抑。何至丈夫方欲赞世成名而无断者哉。今粗疏十数事，汝别时可省也。远大者岂可具言，细碎复非笔可尽。

礼贤下士，圣人垂训；骄侈矜尚，先哲所去。豁达大度，汉祖之德；猜忌褊急，魏武之累。《汉书》称卫青云：“大将军遇士大夫以礼，与小人有恩。”西门、安于，矫性齐美；关羽、张飞，任偏同弊。行己举事，深宜鉴此。

……

府舍住止，园池堂观，略所谙究，计当无须改作。司徒亦云尔。若脱于左右之宜，须小小回易，当以始至一治为限，不烦纷纭，日求新异。

……

凡事皆应慎密，亦宜豫敕左右，人有至诚，所陈不可漏泄，以负忠信之款也。古人言“君不密则失臣，臣不密则失身”。或相谗构，勿轻信受，每有此事，当善察之。

名器深宜慎惜，不可妄以假人。昵近爵赐，尤应裁量。吾于左右虽为少恩，如闻外论，不以为非也。以贵陵物物不服，以威加人人不厌，此易达事耳。

声乐嬉游，不宜令过，蒱酒渔猎，一切勿为。供用奉身，皆有节度，奇服异器，不宜兴长。汝嫔侍左右，已有数人，既始至西，未可匆匆复有所纳。

家书大意

你刚刚成人，就被委以重任，主政一方。如今时局动荡，国家多事，虽然你只需要守住祖宗传下来的基业，但也不是那么容易的。我们家族的命运，就在于你我兄弟的表现上，所以一定要挑起重担来。现在你我两地分开，见面的机会很少，我也不可能像以往那样经常对你耳提面命。那么你自己就要注意培养锻炼自己独当一面的能力，凡事都要三思而后行，对人要开诚布公，处事要公平得当，礼遇那些有才能的人，善于发现人才，远离奸邪，这样，你就会有威信，就能得到许多人的效忠和认同。

你是一个精力充沛、天资也不低的人，本来应该是一日胜过一日，但你却无论在事业上还是修养上都没什么突出之处，这就是我要一直对你严加训诫的原因。你性格暴躁，心胸狭窄，不仅我这样认为，你母亲也是这样认为。一个人如果心胸不宽广，性格又暴躁，那么往往就会一意孤行，以至于脱离实际，导致大祸，你应该好好反省一下。想成就一番事业的人物，必须先要改掉自己的一些坏毛病。为兄在这里写下几条家训，以后你自己要时常带在身边，警醒自己。

第一条，对于贤能之人要恭敬，万不可沾染骄横奢靡之气，这是古代圣贤的告诫，也是汉高祖刘邦得天下的关键以及魏武帝曹操的弱点。西汉大将军卫青虽然位高权重，待人接物却一直是谦恭有礼。春秋时期的名臣西门豹等都知道改正自己性格上的弱点，成为美谈。与之相反的是，三国时期的关羽和张飞，明知自己性格暴躁，却不思悔改，结果酿成大错，以至于死于非命。你在为人处世上，要多从这些古人身上吸取教训，引以为戒。

……

第二条，对于你赴任后居住的王府，只需要稍微做一下翻修就可以了，切不可大兴土木。

……

第三条，处理政务军务，都要极度谨慎，注意保密，不要随便透露于他人。若有忠诚可靠之人，前来举报一些事情，那更要注意保密，以免泄露出去害了此人。古人曾说过："君王行事不机密就会失去臣子的忠心，臣子行事不机密则会失去君王的信任。"至于某些小人的诋毁和谗言，那就更不要轻易相信了。

第四条，对于自己手中的权力，要珍惜，更要慎重，许多事情都不能让别人来代劳。为兄就很少借着朝廷赐予的权力，给身边的人一些好处和便利，为兄也从未发现这样有什么不妥。用荣华富贵不能换来忠诚，就如同用权威来压人并不能换来心悦诚服一样。

第五条，娱乐活动不要过度，像赌博、钓鱼、行猎这些则最好不要干。平时的衣食所用，都要以俭朴为主。另外，你已经有妃嫔数人，所以在这方面也要注意，不要再随便增添。

家风故事

这封家书的作者刘义隆是一位帝王，这封家书的接收者刘义恭，则是一位被帝王寄予厚望的宗室重臣。这种厚望，从这封家书的内容中便可以看得一清二楚。身为兄长，同时又是帝王的刘义隆，在家书中苦口婆心地告诫自己这位王弟，要懂得“礼贤下士，圣人垂训；骄侈矜尚，先哲所去”的道理，要俭以养德，勤政爱民，要注意防范小人……

然而，这个家族的家风，却与他在家书中所言内容大相径庭。这个家族的众多成员，包括他自己在内，其表现也是距离这些内容有着十万八千里的差距。

刘义隆的家族，原本贫寒低微，先祖在西晋末年从北方逃难到南方，以务农为生。其父刘裕刚刚出生，其营养不良的母亲便染病而亡，父亲养不活他，差点将其遗弃。刘裕自幼饱尝人间风霜，很小年纪就开始参加各种劳动，以求得生存下去的可能，种田、砍柴、打猎等无一不会。他并未受过什么正规教育，品行也颇为不端，赌博、打架等恶习均有沾染。但时代给了他出人头地的机会，那就是从军。在那个南北战乱的时期，有无数的寒门子弟依靠军功而崛起，刘裕是其中最典型的一个，他不仅崛起，还依靠军功，夺得最高权力，在南方建立起一个“宋国”来，史称刘宋。

立国之后，刘裕也是励精图治，很有一番作为。但在治家上，他就完全不合格了。他有七个儿子，个个都不像话。如长子刘义符，是帝位继承人，却不学无术，终日沉迷于酒色淫乐之中，甚至在刘裕病重时也不肯“放松”这方面的活动，反而因为父亲不能再训斥他而变本加厉。结果是其登基不久，便被野心勃勃的王弟以及一群别有所图的臣僚合谋杀死，这位王弟正是刘义隆。

虽然在夺位一事上，刘义隆表现出来的是封建王权下人性之卑劣、残忍，但他在继位之后却颇有作为，是刘宋王朝八代帝王之中英明程度仅次于其父刘裕的一位。只不过这种治国理政上的作为，同样抵消不了他在治家上的失败，这种失败与他的卑劣、残忍息息相关。一方面在家书中苦口婆心告诫王弟要“礼贤下士，圣人垂训；骄侈矜尚，先哲所去”，一方面却在做着种种与此截然相反的事情，不仅不礼贤下士，还杀了许多能臣名将。

他有一王弟，名为刘义康，颇有些政治上的才干，被刘义隆委以重任，在后者晚年病重后，几乎成为“临时帝王”。但这位刘义康也是品行低下，贪腐成性，喜好奢靡，更因手握大权而得陇望蜀，意图谋反，提前让兄长去见阎王，他好接位。东窗事发之后，刘义隆还有些顾念情面，未将其处死，而是将其流放。

此时，刘义恭，也就是刘义隆这封家书的对象站出来，以落井下石的姿态，主张要将刘义康流放到偏远之地。表面上他自然有一套冠冕堂皇的理由，实际上则是包藏祸心。这位自幼便得到父亲刘裕特别宠爱的刘家子孙，心中一直觊觎帝位，只不过兄长刘义隆过于强势，他只有假意顺从。

所以刘义隆这封家书算是白写了。

不过还等不到刘义恭犯上作乱，刘义隆的儿子们就抢先行动了。他的长子和次子都是骄横狂悖之徒，常常遭到责骂，心中怀恨，便用巫蛊之法诅咒父亲早死。刘义隆得知后，要将长子的太子身份废除，不料长子与军中将领串通，弑父自立。其家风之恶劣，竟然到了这种程度。

这位丧尽天良的长子也没有好下场，他很快就死于三弟刘骏的讨伐之下。这位三弟打着正义旗号，趁机夺得帝位，只是他也无做一个合格皇帝的德行与才干，继位之后，主要的“功绩”就是大肆屠戮自己的亲人，原因是为了防止他们起来夺位。除此之外，他毫无治国理政之才，荒淫无道，奸佞横行，刘宋王朝自此开始衰败。

待到这位昏君在酒色与恐惧中一命呜呼后，早已暗中窥伺多时的刘义恭，就开始了他的谋反行动。恰好此时在位的皇帝刘子业，是在刘家恶劣家风熏陶下冒出来的又一个“怪胎”，虽然这位皇帝实际上不过是一个十六七岁的少年，荒淫程度与残忍程度却堪称古代帝王之冠。在其统治之下，刘宋王朝人心惶惶。刘义恭认为他可以效法刘骏，打出正义旗号，一呼百应之下，可以很轻松地夺得帝位。不料他谋划不够机密，还没举事，就被刘子业察觉，结果立即遭到残杀，他和他的四个儿子都未能幸免。

此后，刘家子孙依旧在继续自相残杀，国势则日渐衰微，最后大权落入了萧氏家族手中，开国六十年后，刘宋王朝灭亡。

21

“道者识之公，情者德之私”

——（南北朝）颜延之

人物简介

颜延之（384—456），字延年，南朝宋文学家。祖籍琅邪〔琊〕临沂（今山东临沂）。出身于官宦世家，但幼年贫寒。他自幼喜好读书，安于贫寒，对功名利禄看得很淡。他与陶渊明为好友，在文学上成就很高，与山水派诗人谢灵运齐名，并称“颜谢”。

家书摘编

道者识之公，情者德之私。公通，可以使神明加向；私塞，不能令妻子移心。是以昔之善为士者，必捐情反道，合公屏私。

寻尺之身，而以天地为心；数纪之寿，常以金石为量。观夫古先垂戒，长老余论，虽用细制，每以不朽见铭；缮筑末迹，咸以可久承志。况树德立义，收族长家，而不思经远乎。曰身行不足遗之后人。欲求子孝必先慈，将责弟悌务为友。虽孝不待慈，而慈固植孝；悌非期友，而友亦立悌。

游道虽广，交义为长。得在可久，失在轻绝。久由相敬，绝由相狎。爱之勿劳，当扶其正性，忠而勿诲，必藏其枉情。辅以艺业，会以文辞，使亲不可亵，疏不可间，每存大德，无挟小怨。率此往也，足以相终。

浮华怪饰，灭质之具；奇服丽食，弃素之方。动人劝慕，倾人顾盼，可以远识夺，难用近欲从。若睹其淫怪，知生之无心，为见奇丽，能致诸非务，则不抑自贵，不禁自止。

喜怒者有性所不能无，常起于褊量，而止于弘识。然喜过则不重，怒过则不威，能以恬漠为体，宽愉为器，则为美矣。大喜荡心，微抑则定，甚怒烦性，小忍即歇。故动无愆容，举无失度，则物将自悬，人将自止。

家书大意

天地万物自有其运行规律，也即是“道”，“道”并不以人的意志而转移。而人的喜乐好恶则是各自不同，属于私心。如果这种私心能与“道”相符合，顺应自然法则，那么自然会如同得到神明保佑一般。如果这种私心纯粹只考虑个人感受，极为自私，那就连妻子都不会听从。所以古代一些杰出的人物，都会摒弃自己的私欲，以符合“道”。

人立于天地之间，应该胸怀宽广，虽然寿命只有几十年，思考却要很长远。我看一些古代圣贤留下的告诫，虽然看起来都是在讲一些细微之事，但却流传长久，就是因为做人的道理正蕴藏于这些小事之中。执掌家族的人，要让族人都同心同德，不仅思考要长远，更要注意一些生活上的小事，否则言行举止根本无法服众。比如父亲要让儿子孝顺，那么父亲就必须先对儿子亲爱，兄长要得到弟弟的敬重，就必须先对弟弟友爱。虽然孝道并不以父母的慈爱为前提，但慈爱可以为孝道打下很好的基础。虽然弟弟对兄长的敬重，也不以兄长的友爱为前提，但兄长这样做，可以为弟弟树立一个好榜样。

在交朋结友上，主要的道理是要以义相交，而不是以利相交。如果能做到这一点，那么友情就可以长久；如果不能做到这一点，那么友情很快就会断绝。以义相交，就要不怕麻烦地帮助他，指出他的不足，帮助他改正错误，远离邪念；也要在学识上帮助他，让他明白圣贤留下的道理。这样的话，朋友之间的关系，就是亲密又不至于轻浮，亲近而又保持有适当的距离。即便偶尔因为小事产生争执，也不至于影响友情的长久。

生活方面，奢靡腐败对于人性的毁灭最为可

怕，锦衣玉食则会让人忘本。难免会有一些人来劝诱你，加入他们的享乐生活中，如果你守不住俭朴家风，就会跟随他们，放纵自己的欲望，忘掉原本的志向；如果能始终牢记家训，将奢靡腐败视为垃圾，不放在眼里，也不放在心上，自然就会百毒不侵了。

喜怒无常是做人的大忌，那是缺乏自制力与心胸狭窄的表现，通常而言，随着学识的增加和阅历的丰富，这个毛病会逐渐得到改正。一个人高兴过度就会得意忘形，愤怒过度就会失去威信，理想的境界是保持平常心。高兴之时，要注意抑制自己的兴奋，愤怒之时，则要让自己尽快冷静下来。如此的话，人就能一直保持一个稳定的心态，行为举止不会发生紊乱，对于外界的非议和干扰也就有了抵御之力。

家风故事

这封家书的作者颜延之，是一个并不怎么出名的历史人物，但他有一个子孙很出名，那就是颜之推。颜之推以一部《颜氏家训》闻名于世，他这位先祖颜延之，在家训方面也有一些令人称道的思想，比如其在这封家书中所言："道者识之公，情者德之私。"——私心人人都有，关键是要让私心符合"道"，也就是自然法则。颜延之还在这封家书中就他所认为的一些自然法则进行了讲解，实际上应该称之为做人法则，比如胸怀宽广、仁德治家、勤俭廉洁等。

这封家书是颜延之用来训诫子孙的，对后来的颜之推也有相当程度的影响。但不幸的是，从颜延之子孙的表现来看，其训诫效果并不明显，颜家家风也并未如他在家书中所希望的那样，以"道者识之公，情者德之私"为原则，反而有许多人都成了私欲的奴隶，最后走上绝路。

先来看看颜家先祖传下的家风。

这一家人本来居于山东地区，在西晋末年的战乱中，从北方逃至南方，并非贫寒农户，也不是豪门大族，算是当时的一个"中产阶级"，在南方王朝之中居于不太重要的官职。但这个家族自称是孔子麾下杰出弟子颜回的后代，最初也是以纯良家风而著称。如先祖中有一位名为颜含的人物，品行高洁、刚正不阿、俭朴廉洁，是当时朝廷中不可多得的清官廉吏。

这样的家族，在那个豪门大族横行霸道的年代，是断难以“发展壮大”的，故而数代之后，其家势依旧是维持原状，族中个别家庭甚至还陷入了穷困，颜延之一家就是如此。按照史书记载，他是在颜家聚居的巷子中长大，那条巷子因为颜家家势衰微的缘故，简陋偏僻，而颜延之本人又是“少孤贫”，自幼便失去了双亲，是在族人照顾下长大。但这个家族注重教育，也有许多藏书，颜延之遂以之为伴，“好读书，无所不览，文章之美，冠绝当时”。

是金子总会发光的。颜延之后来得到刘裕也就是刘宋王朝开拓者的赏识，开始出仕为官。但他仅有文才，而无军政之能，性格上又比较偏激，与同僚关系恶劣，且有酗酒恶习，言行上也不够谨慎，经常信口开河，“辞甚激扬，每犯权要”，所以并未得到朝廷多大重用，从这一点来讲，他也不太符合自己在家书中所言的那些原则。

如他曾因为祸从口出，而被朝廷贬官在家，他就来了一个闭门七年不出，公然与朝廷赌气。后来皇后离世，举办丧事，朝廷中有大臣以此为机会，想再度启用颜延之。邀请函送来后，颜延之勃然大怒，将其扔在地上，骂道："我连活人都伺候不了，何况死人？"

无论当时身处于何种政治环境之下，颜延之这个举动实在是太没有涵养了，他的心胸也恰如他在家书中所言，属于"褊量"的恶劣类型，他因此得了一个不太好的绰号"颜彪"，彪悍的彪，意为讽刺其鲁莽。

但他终究只是一个文人，能够造成的破坏力微乎其微，故而虽然口无遮拦，也一直没有惹上大祸，除了名誉上、精神上受到些打击外，人身安全倒是一直没有什么危险。

通常而言，父母都会在对子女的教育中将自己所不足之处作为重点，希望子女能够避免重蹈覆辙，颜延之也是如此。他在这封家书中所言，其实多是他自己的不足，他希望子女在传承先祖原有家风的同时，还能避免自己所犯的那些错误，在这个动荡凶险的时代中，尽可能平安地存活下去。

结果，他的希望落空了。

如他的长子颜竣，颇有才学，又得刘宋王朝青睐，是让颜延之很有面子的一个儿子。在刘宋王朝的内讧中，他成为刘骏的心腹，也就是从此时开始，权欲熏了他的心，不仅颜延之的训诫都统统丢弃，连家风中原本有的俭朴廉洁也都抛到了九霄云外。有什么样的主子，就有什么样的臣子，刘骏本人就是一个荒淫无道之徒，颜竣要成为他的心腹，自然是要“同流合污”才行。

此后在刘骏的夺位战争中，颜竣将自己的才学都使了出来，表现极其出色，他甚至一度代替刘骏发号施令，以避免主子患病之事外泄。待到刘骏登上帝位之后，作为首席功臣，颜竣得到了极大的信任和重用。只不过颜竣还没有将家风忘得一干二净，他还懂得要指出君王的不当之处，特别是面对刘骏这个腐朽堕落的“极品”时，他忍不住，多次进谏。这是值得称赞之举，但关键是他的方式、态度以及言词都不够讲究，都如其父颜延之一样莽撞，结果不仅没有效果，还让自己受到了刘骏的猜忌。

猜忌就猜忌吧，父亲颜延之无所顾忌，还不是一生平安？但问题是颜竣已卷入刘宋王朝的政治风暴之中，危险系数相当高。他的品行比起父亲来又差得太远，得到重用之后，为人傲慢，生活腐朽。此人每次出行，都要大讲排场，派仪仗队开道，弄得像皇帝出巡一样。有宾客前来拜访，他也是不放在眼里，一直睡到中午才起来见客。此外，还有大修豪宅等腐败之举。颜延之得知后，十分反感，更加忧虑，曾多次提出严厉告诫，但颜竣已经听不进去了。

更加可怕的是，对于家风中好的一面，颜竣忘得飞快，对于家风中不好的一面，他却“牢牢记住”，还“发扬光大”。当他不满足于现状，还想谋求更大权势，却遭到刘骏猜忌、受到打压时，他就开始口无遮拦地说出一些大逆不道之言。刘骏何等人也？那是没有人性之人，禽兽也，一旦惹怒了他，那还得了？颜竣很快就遭到了厄运，他和妻儿都死于残酷折磨之中。其父颜延之已在三年前离世，才得以避免目睹这一幕家族惨剧。

颜延之还有一个侄子，名为颜师伯，其人品更是低劣，家风似乎在他身上全无作用，没有留下一点影响。此人善于溜须拍马，钻营投机，虽然才能平庸，却得以步步高升。而且他脸皮极厚，很能“忍”，遇到刘骏责骂处罚乃至侮辱，他都是毫无怨言，更无颜延之、颜竣那般口无遮拦的行为。刘骏驾崩之后，刘宋王朝又陷入新的一轮自相残杀中，颜师伯也有参与，他与几个大臣意图弑君，结果君没弑成，先让君弑了自己，死时年不到五十，五个儿子也一同遇难，继颜竣之后，颜家再遭劫难，实在是悲惨。

22

"奋然勇为，力改故习，一味勤谨"

——（南宋）朱熹

人物简介

朱熹（1130—1200），字元晦，号晦庵，宋徽州婺源（今属江西）人。18岁即登进士第，为官有政声，然任期甚短。一生闲居讲学长达四十余年。其著述之富，从游子弟之多，为自古儒者所不及。谥号“文”，后世尊称为朱子或朱文公。为学以居敬、穷理为主，集宋代理学之大成。元明以后，以其所注之《四书章句集注》，作为科举录取士人之标准，数百年来朱熹对于学术政俗之影响，可谓至深且巨。朱熹有三子五女，皆贤。

家书摘编

早晚受业请益，随众例不得怠慢。日间思索有疑，用册子随手札记，候见质问，不得放过。所闻诲语，归安下处，思省切要之言，逐日札记，归日要看。见好文字，亦录取归来。

不得自擅出入，与人往还，初到问先生，有合见者见之，不令见则不必往。人来相见，亦启禀然后往报之。此外不得出入一步。居处须是居敬，不得倨肆惰慢。言语须要谛，不得戏笑喧哗。凡事谦恭，不得尚气凌人，自取耻辱。

不得饮酒，荒思废业，亦恐言语差错，失己忤人，尤当深戒。不可言人过恶，及说人家长短是非。有来告者，亦勿酬答。于先生之前，尤不可说同学之短。

交游之间，尤当审择。虽是同学，亦不可无亲疏之辨。此皆当请于先生，听其所教。大凡敦厚忠信，能攻吾过者，益友也；其谄谀轻薄，傲慢亵狎，导人为恶者，损友也。推此求之，亦自合见得五七分，更问以审之，百无所失矣。但恐志趣卑凡，不能克己从善，则益者不期疏而日远，损者不期近而日亲。此须痛加检点而矫革之，不可荏苒渐习，自趋小人之域。如此，则虽有贤师长，亦无救拔自家处矣。

见人嘉言善行，则敬慕而纪录之。见人好文字胜己者，则借来熟看，或传录之，而咨问之，思与之齐而后已。(不拘长少，惟善是取)

以上数条，切宜谨守，其所未及，亦可据此推广，大抵只是“勤、谨”二字。循之而上，有无限好事，吾虽未敢言，而窃为汝愿之；反之而下，有无限不好事，吾虽不欲言，而未免为汝忧之也。盖汝若好学，在家足可读书作文、讲明义理，不待远离膝下，千里从师。汝既不能如此，即是自不好学，已无可望之理。然今遣汝者，恐汝在家汩于俗务，不得专意。又父子之间，不欲昼夜督责，及无朋友闻见，故令汝一行。汝若到彼，能奋然勇为，力改故习，一味勤谨，则吾犹有望。不然，则徒劳费，只与在家一般。他日归来，又只是旧时伎俩人物，不知汝将何面目归见父母、亲戚、乡党故旧耶？念之！念之！“夙兴夜寐，无忝尔所生！”在此一行，千万努力！

家书大意

对于老师每天进行的教授，要和同学一样认真进行，不得怠慢。有疑点要用小本子随手记录下来，以便向老师请教。听完老师的教诲，回到自己住处，要再多多加以思考，并每天都记下心得，回家时拿给为父看。平时看到好的文章，也要抄写下来带回家中，给为父过目。

在学堂里没有老师的允许，不能擅自外出与外人往来。入学堂时，要问老师，哪些人可以见、哪些人不能见。外人来找你，也要先通报到老师那里，得到允许后再相见，不能随便外出一步。居住的地方要始终带有恭敬之心，言行要注意，不能打闹喧哗、意气用事，以免自取其辱。

不得染上饮酒恶习，荒废学业，这也可以避免酒后失言。也不得在背后说人是非，对于前来说是非者，也不要理会。特别注意不能在老师面前说同学的不好之处。

交朋结友上特别要注意，即便是同学，也要有个亲疏分别。这方面的选择，都要听老师的意见。诚信忠厚，能帮助自己改正不足的人，那就是有益的朋友；低俗卑劣，会将自己引向歧途的人，那就是损友。自己按照这个原则去判断，也能看出个大概，再通过几番交谈，那基本上也就不会错了。怕就怕你自身对于修养的态度不够坚定，那么益友就会离你越来越远，损友则会离你越来越近了。那样的话，再贤能的老师也帮不了你。

看到别人言行出众之处，就要效仿。看到别人写出好文章，就要借来熟读、思考、学习，以提高自己的水平。在这些方面，不分老幼，都是应该学习的对象。

这些训诫都要遵守，其他为父没有谈到的，也可以由这几条推广而去，本质都是两个字，那就是“勤、谨”。按照这两个字去做，就会有许多好处；不按照这两个字去做，就会有许多坏处。你如果是好学之人，自然不需要离开家门，到千里之外去求学，在家中读书即可。正因为你不是如此，所以为父才要将你送出去接受教育。你若能理解为父的一片苦心，在学堂里发愤苦读，改变往日的种种毛病，那么为父就觉得你还有希望。如果你还是老样子，那与在家时又有什么区别？将来你回来，又怎么对得起家门？为父的这些话，要时常想起，警醒自己，多多努力啊！

家风故事

这是朱熹写给儿子朱塾的一封家书，信中内容，主要是告诫即将离开家门去远方求学的儿子，要以“勤、谨”两个字为中心去读书求学、交朋结友、做人做事。

朱熹乃是南宋有名的学者，四方前来拜于门下想做弟子的人络绎不绝。那他为什么不自己教授儿子，却要将其送到别人那里去？

答案也就在这封家书中，那朱塾乃是朱熹长子，虽然自幼就得到父亲启蒙教导，但一直不太上心，可能还有些顽劣，故而朱熹才不得不将其外送名师，让他人来加以管教。

其实为子女寻访名师，也是朱家的家风之一，只不过这一天对于朱塾来说来得早了一些。而朱家家风，历来都是以“勤、谨”为主，寻访的名师也是这般境界，在这种“内外综合”之下，教导出来一代又一代品性纯良的朱家子孙。

朱熹的父亲朱松，活动于北宋末年、南宋初年，两朝交替之间。他以才学考上进士，踏入仕途，又以处理政务的才干、廉洁的官品而引起上级注意，步步升迁，很好地体现了“勤、谨”二字。后来遇上宋高宗赵构走投降路线，以奸臣秦桧为工具，冤杀岳飞，对金称臣，引起朱松在内的诸多正直大臣愤慨，并上书反对。朱松又是很聪明的人，知道如此会惹怒宋高宗，那又何必贪念官位？便主动请求辞职。岂料朝廷还不同意，一定要给他来一个贬官的惩罚，后来朱松死于贬官赴任的路上。

时年朱熹才十三岁。

对于在自己死后，尚未成年的朱熹的人生之路，朱松早有周全安排。好友刘子羽，文武双全，托为朱熹义父。又托付曾与自己交流学问的同道中人胡宪、刘勉之等学者加以指点。在这些人的悉心教导之下，朱熹不仅得以传承“勤、谨”家风，更有将其发扬光大，开创出一个全新局面来的趋势。

不过他的科举考试成绩却并不怎么样，第五甲第九十名，大约排在及格线附近，只能算是勉强得到做官的资格。之后很长一段时间里，他的经历也比较波折，当了几年地方上的小官便任满归乡。遇到新皇帝登基，广开言路，征求天下人的建议，朱熹立即上书主张北伐金国，一雪靖康耻，文章到了天子那里，竟然因此获得召见机会。但谈了大半天，却终究没有谈到一起去。天子请他去当一个吃闲饭的国子监武学博士，朱熹则不愿吃这碗闲饭，还是回到民间，游学四方去了。

如此游到中年，吸取多方学派精华的朱熹，思想逐渐成熟，开始形成一套以“存天理、灭人欲”为核心的学问体系。

就在他学术步入辉煌之时，朝廷闻其声名，当年话不投机的天子又将其找来做官。一上任就到遭遇饥荒的江西某地，相当的棘手。朱熹却并非一个咬文嚼字的书呆子，真正的学问必然是能够用来“修身齐家治国平天下”的，结果便是朱熹一番上下左右的想方设法，很快就将灾荒熬了过去，不仅安定了黎民百姓，还修复了早已荒废的白鹿洞书院，用来教育穷苦人家的子弟。

如此能吏，岂能闲置？天子很快便将他调到也遭了饥荒的浙江某地，期待他继续闪亮。

此时朱熹已年过五十。这一次，他遇上了恶徒。

那受灾之地有一个名为唐仲友的官员，趁救灾上下其手，大发国难财，朱熹到任后很是震惊，进而了解到此人如此嚣张，就在于有一个不得了的后台——当朝宰相王淮。本来这个王淮还曾在天子面前推荐朱熹，也算是有恩。按照“勤、谨”的家风，他应该管还是不管呢？管！

与父亲朱松要毅然站出来反对宋高宗与秦桧

之投降行为一样，传有父亲一身正气的朱熹，是不可能在这点私人关系面前停下脚步的。为了国家利益、百姓苍生，他连连上书告发这两个贪污分子，逼得那王淮为了压下事态，只能将那唐仲友革职。但朱熹从此也难以立足于朝堂，只有再度辞官。

不过也好，他早有心整理自己毕生所学，传于后世，离开乌烟瘴气的南宋官场，反而有了难得的清静来做此事。

没过几年，朱熹再度步入官场，年过六十的他辗转多地为官，政绩出色，最后得以进入中央，当上了新皇帝的老师。然后他又不幸卷入一场朝廷内斗，连同自己所创立的学派一起，遭到权臣韩侂胄的攻击和迫害。他的门人子弟，要么被流放，要么进大牢，要么主动逃走，剩下这个孤独的老人，还身患多种疾病，左眼失明，脚残疾……

朱熹忍辱负重，宽容随和对待来自四面八方的攻击，依然紧守“勤、谨”二字，在十分艰难的条件下，将自己的学术思想汇集成册，传于后世。

代价是双目几乎完全失明。然后，油尽灯枯而死。

而他的子孙也并未辜负他的期望，如这封家书的主要对象朱塾，在经历了不求上进的少年时期后，终于明白父亲的苦心，发愤学习，后来出仕为官，也是不忘“勤、谨”，终其一生，都未有贪腐丑闻。

23

“人之所以异于禽兽者，伦理而已”

——（明）薛瑄

人物简介

薛瑄(1389—1464)，字德温，号敬轩。河津（今山西省河津县）人。明代著名思想家、理学家、文学家，河东学派的创始人，世称“薛河东”。官至通议大夫、礼部左侍郎兼翰林院学士。薛瑄在北方开创了“河东之学”，门徒遍及山西、河南、关陇一带。其学传至明中期，又形成以吕大钧兄弟为主的“关中之学”。清人将薛学称之为“明初理学之冠”“开明代道学之基”。

家书摘编

人之所以异于禽兽者，伦理而已。何为伦？父子、君臣、夫妇、长幼、朋友，五者之伦序是也。何为理？即父子有亲、君臣有义、夫妇有别、长幼有序、朋友有信，五者之天理是也。于伦理明而且尽，始得称为人之名，苟伦理一失，虽具人之形，其实与禽兽何异哉！

盖禽兽所知者，不过渴饮饥食、雌雄牝牡之欲而已，其于伦理，则愚然无知也。故其于饮食雌雄牝牡之欲既足，则飞鸣踯躅，群游旅宿，一无所为。若人但知饮食男女之欲，而不能尽父子、君臣、夫妇、长幼、朋友之伦理，即暖衣饱食，终日嬉戏游荡，与禽兽无别矣！

圣贤忧人之婚姻于禽兽也如此，其得位者，则修道立教，使天下后世之人，皆尽此伦理；其不得位者，则著书垂训，亦欲天下后世之人，皆尽此伦理。是则圣贤穷达虽异，而君师万世之心则一而已。

汝曹既得天地之理气凝合，祖父之一气流传，生而为人矣，其可不思所以尽其人道乎！欲尽人道，必当于圣贤修道之教，垂世之典——若小学，若四书，若六经之类，诵读之，讲习之，思索之，体认之，反求诸日用人伦之间。圣贤所谓父子当亲，吾则于父子求所以尽其亲；圣贤所谓君臣当义，吾则于君臣求所以尽其义；圣贤所谓夫妇有别，吾则于夫妇思所以有其别；圣贤所谓长幼有序，吾则于长幼思所以有其序；圣贤所谓朋友有信，吾则于朋友思所以有其信。于此五者，无一而不致其精微曲折之详，则日用身心，自不外乎伦理，庶几称其人之名，得免流于禽兽之域矣！

其或饱暖终日，无所用心，纵其耳目口鼻之欲，肆其四体百骸之安，耽嗜于非礼之声色臭味，沦溺于非礼之私欲宴安。身虽有人之形，行实禽兽之行。仰贻天地凝形赋理之羞，俯为父母流传一气之玷。将何以自立于世哉！汝曹勉之敬之！竭其心力，以全伦理，乃吾之至望也。

家书大意

人与禽兽之区别，就在于人有伦理道德。那么什么叫伦？就是君臣、父子、夫妇、兄弟、朋友等之间的关系。什么叫理？父子之间有亲情，君臣之间有忠义，夫妇之间有内外之分，长幼之间有尊卑次序，朋友之间有诚信，这就是理，也是天理。能够明白“伦”和“理”，并用来规范自己，那才能称为人。否则，虽然有一个人的形体，实际上与禽兽没有什么区别。

禽兽所知道的事情，就是饿了吃、渴了喝以及色欲，伦理道德完全不懂。所以禽兽吃饱喝足之后，就只知道漫无目的地游荡，不知道该干什么事。如果一个人也整天到晚就知道吃吃喝喝、玩乐游荡，不知道去遵循维护君臣、父子、夫妇、兄弟、朋友等关系，去提高自己的道德修养，那么与禽兽又有什么区别呢？

古代圣贤担忧人们会忘掉伦理道德，沦为禽兽，故而如果执掌权力，就会推行教化，以让天下有一个好的风尚。如果未能执掌权力，则会著书立说，开宗立派，留下言论思想教导后人。所以虽然圣贤的际遇可能有所不同，但对于提升世人伦理道德境界的努力，则是一样的。

你们既然有幸来到世间为人，怎么能不珍惜这个身份，不好好学习做人呢？学习做人，必须学习圣贤留下的典籍，反复研读，领会其中的道理，并将之用在日常生活中，用在与别人打交道之中。圣贤说父子之间应该讲究亲情，那么你们就要在父子关系中注意维护亲情；圣贤说君臣之间要讲究忠义，那么你们就要在君臣关系中有忠义之心；圣贤说夫妇二人在家庭关系上要有主内和主外的分工，那么你们就要在治家时注意这一点；圣贤说对待朋友要讲诚信，那么你们就要在交朋结友时以诚信为本。对于这些关系，都要始终认真加以对待，那么你们的一言一行就会合乎伦理，也就不会有禽兽气息了。

当然这个世上不乏一些只知道吃吃喝喝、放纵欲望、没有思想、只知道肉体享乐之徒，他们虽然看起来个个都是人的模样，所作所为却与禽兽无异。这种人，上对不起天地造化，下对不起父母生养，根本就不可能立足于世上。为父对你们的这些教导，你们一定要牢记啊，要用来警醒自己啊，一定要成为讲究伦理道德、修养很高的人，这是为父对你们最大的期望！

家风故事

这封家书的作者薛瑄，是明朝著名学者，其名与王阳明并肩。在这封家书中，他谆谆告诫子女，要重视伦理道德修养，学习圣贤留下的典籍，做一个好人，处理好父子、君臣、夫妇、朋友等之间的关系。

这些告诫，既是薛瑄对于子女的期望，也是他的家风所承。这位学者来自一个书香门第，其先祖都是读书人，且都以教书育人为业，也可以说是教育世家。但凡这样的家族，其家风都会带有古代读书人独特的气质，那就是正直、廉洁、胸怀天下、注重道德修养。

如其祖父薛仲义，就是一位名儒，完全有考科举得功名出仕为官的机会，只是他不巧遇上了元朝末年天下大乱。世道不太平，就转而隐居乡间，开私塾，教授学生，也自得其乐。其父薛贞，就是薛仲义精心教导而成的一个人才，在明朝初年考上科举。他所任的官职，也都是与教育有关。

在这种环境下，薛瑄自幼便为浓烈书香所围绕，加上他天资聪颖，很小就表现出过人的才智，有神童之名。有意思的是，他原本是无意出仕为官的，认为朝政黑暗，官场污浊。但他父亲是当地学官，有培养考生的任务指标，如果没有达到指标就会受到责罚。为了帮助父亲，薛瑄才不得不在年近三十之时去参加科举考试，结果轻松考上。

既然双脚踏入了自己所厌恶的官场，那么薛瑄要以什么样的姿态来做官呢？

如他在家书中所言，他始终不忘圣贤之言、人伦之义，更不忘家风所传的正直，并以此作为自己做官的准则。

此时在位的皇帝，乃是明朝第五代帝王朱瞻基，是一位颇有明君气象的人物。他任用贤臣，打击腐败，革除弊政，像薛瑄这样的官员自然就能得到重用。朱瞻基让薛瑄担任御史之职，专门负责监察官员，也就是“反腐”。任职地点则是广东地区，生产白银的银场。此处为明朝白银重点生产基地，仅是做工的人就有五十余万。巨大利益诱惑下，此地也成了明朝贪官重点生产基地，连许多去负责“反腐”的御史都纷纷下了水。唯独薛瑄，以唐代诗人岑参的廉政诗句“此乡多宝玉，切莫厌清贫”来警醒自己，同时严厉打击贪腐，用了三年时间，换得了当地一片清明，百姓一片赞誉。

但可惜的是，朱瞻基这样的明君毕竟是少数，在其驾崩之后，继位的朱祁镇就是一个昏聩平庸者了。此人九岁登基，年号“正统”，朝政却在他的作用之下，变得一点都不“正统”。最开始还有他的祖母张太皇太后和三位贤臣辅佐，张太后驾崩之后，三位贤臣就被他纷纷罢免，换上来一群他所喜爱的宦官。

这群受宠宦官中，为首者名为王振，其得势之后，朝中官员纷纷避之唯恐不及，但薛瑄就不一样。别人见了王振都要行跪拜礼，他可不会，只是按照“正统”的规矩，站立拱手示意。说来也怪，王振这种小人，就怕这种一身正气、又有威名的人，三番五次前来拉拢，薛瑄则是来几次拒绝几次。后来王振恼怒之下，就找了个借口，强加罪名，将薛瑄打入牢中。不料一时间文武百官都纷纷前来劝说王振，此事不可乱来，连王振身边的老仆都为薛瑄蒙难而哭泣。按照这种势态，如果王振敢杀害薛瑄的话，只怕他会因为犯了众怒而提前终结自己那丑恶的人生。畏惧之下，他只得又随便找了个借口，放人了事。

后来朱祁镇在王振蛊惑下，贸然出兵远征蒙古，兵败被俘，明朝内部为应对这种非常状况，紧急产生了一位“代理皇帝”朱祁钰。当时以王振为首的群小，大多都已死于他们自己制造出来的灾难中，朝堂上的主要力量是于谦等正直大臣，于是，薛瑄这样的人得以再度启用，还是干老本行，御史。

此时薛瑄已是年过六十的老者，对于官位权势毫无兴趣的他，本着为民做主的仁善之心走马上任。然而，朝廷对于他所提出的种种建议、所揭发的种种腐败现象，却大都采取置之不理的态度，这让他十分失望。数年之后，当平安归来的朱祁镇再度夺回帝位时，年近七十的薛瑄被提拔为翰林院大学士，得以进入内阁参与最高决策，他也因此又恢复了一些对于朝廷的信心，准备好好干一番事业。不料这位朱祁镇本性难改，依然是昏庸无能，宠信奸佞。薛瑄的上书，依旧是石沉大海，心灰意冷之下，他辞去了官位，告老还乡。

无官一身轻，终于远离了朝堂的薛瑄，在乡间聚徒讲学，精研学问，同时悉心教导子女，弘扬家风，这封家书正是作于此时。

数年之后，薛瑄离世，在他身上所体现出来的“书香门第”与“教育世家”之家风，则延续了下去，随着他的学问一起，走出家门，影响了许多人，后世尊其为“明初理学之冠”。

24

“长其忠厚之情，驱其残忍之性”

——（清）郑燮

人物简介

郑燮（1693—1765），字克柔，号板桥，江苏兴化人。出身贫寒，自幼随父读书，学习刻苦。四十多岁以前一直穷困潦倒，曾教过村塾，以卖字画为生。四十四岁中进士，五十岁至六十一岁先后任山东范县、潍县知县。遇到饥荒年头曾开仓捐俸赈济饥民，遇公事往往袒护贫民而惩罚富商大贾，深得民心。后因申请赈济灾民之事得罪了上司，愤而称病辞官，回到曾长期居住过的扬州，从事书画创作，直到去世。郑板桥是清代著名的书画家和文学家，“扬州八怪”之一，素有诗书画“三绝”之称，其作品如家书、书画、竹枝词等即深受读者欢迎，死后二百多年来，亦流传不绝。

家书摘编

余五十二岁始得一子，岂有不爱之理！然爱之必以其道：虽嬉戏玩耍，务令忠厚悱恻，毋为刻急也。

平生最不喜笼中养鸟，我图娱悦，彼在囚牢，何情何理，而必屈物之性以适吾性乎！至于发系蜻蜓，线缚螃蟹，为小儿顽具，不过一时片刻便摺拉而死。夫天地生物，化育劬劳，一蚁一虫，皆本阴阳五行之气，絪缊而出。上帝亦心心爱念。而万物之性人为贵，吾辈竟不能体天之心以为心，万物将何所托命乎？蛇虺、蜈蚣、豺狼、虎豹，虫之最毒者也，然天既生之，我何得而杀之？若必欲尽杀，天地又何必生？亦惟驱之使远，避之使不相害而已。蜘蛛结网，于人何罪，或谓其夜间咒月，令人墙倾壁倒，遂击杀无遗。此等说话，出于何经何典，而遂以此残物之命，可乎哉？可乎哉？

我不在家，儿子便是你管束，要须长其忠厚之情，驱其残忍之性，不得以为犹子而姑纵惜也。家人儿女，总是天地间一般人，当一般爱惜，不可使吾儿凌虐他。凡鱼飧果食饼，宜均分散给，大家欢嬉跳跃。若吾儿坐食好物，令家人子远立而望，不得一沾唇齿；其父母见而怜之，无可如何，呼之使去，岂非割心剜肉乎！夫读书中举中进士做官，此是小事，第一要明理做个好人。可将此书读与郭嫂、饶嫂听，使二妇人知爱子之道在此不在彼也。

家书大意

我直到五十二岁，才得了一个儿子，怎么可能不加以疼爱呢？但疼爱也要有个限度，不可变成溺爱。即便他平时玩耍，也要注意让他养成忠厚仁善的品行，切不可习得暴躁刻薄之气。

对于养鸟这种事情，我一直都十分厌恶。将鸟关在笼中，人倒是快乐了，但鸟却很痛苦，这哪里算得上仁善？至于将蜻蜓、螃蟹抓来，加以束缚，然后当作小孩的玩具，那更是残忍。生命都是平等的，都是生于天地之间，鸟虫鱼兽也有各自的“父母”，也都有它们的“亲情”，天地孕育它们，就自然有它们存在的道理。人作为万物之中最具灵性者，怎么能不理解这种现象呢？即便是毒蛇猛兽，对人是有害的，但对于自然而言，它们又有各自存在的价值，即便为了保护自己，将它们加以驱赶就够了，用不着赶尽杀绝。还有荒谬之说，认为蜘蛛在夜间于墙上织网，是要诅咒月亮，对人不利，所以要将其杀灭，不知这是哪本书记载过的，真是残忍。

我常年不在家中，所以儿子主要由你来教导。切记要让他养成仁善品性，减少刻薄残忍的一面，不要因为他是我的儿子就姑息纵容他。特别是家中仆人的子女，也是和我们一样的人，要平等对待，绝不能由着我的儿子去欺负他们。好吃的东西，应该在这些孩子中间平均分发，不能只让我的儿子独自享用，否则那些仆人的子女在一旁远远看着，他们的父母心中是多么的难过，只能让孩子走得远远的。这种情景，对于我来说，是心如刀绞一样的难过啊！读书做官，都是小事情，对于孩子来说，最重要的是要学会做人的道理，做一个好人。这封家书你也可以读给两个嫂嫂听，让他们明白，在教育孩子的问题上，做人比做官更重要。

家风故事

作为一位在书画史上极负盛名之人，郑板桥会在这封家书中告诉儿子什么事情呢？忠厚仁善。

这是他对于儿子成长路上最深切的期望，也是最关注的地方。在这封家书中，他从爱护动物、宽厚待人、照顾弱小等方面，阐述了如何养成忠厚仁善的品性，并认为这是比读书做官还要重要的事情。

仅从这封家书中，可能还难以理解郑板桥对于忠厚仁善的重视，甚至有人会认为那只不过是一个父亲对于儿子寻常的告诫罢了。

那就来看看郑板桥的家史，以及由此而生的家风。

有史料称郑板桥的先祖是东汉名儒郑玄，只不过两者之间相距一千四百余年，时间跨度太过久远，真实性根本无从说起。但郑板桥的先祖多是读书人，学识出众，倒是与郑玄有些类同。这一股文风，从他的曾祖父开始，一直延续下来，在他身上得到了很好的传承，也算是出自书香门第。但这个书香门第一直都与“学而优则仕”无缘，几代先祖要么是没有踏入仕途，要么就是踏入了也是始终徘徊在边缘。

这种权势上的低微，并未让郑家生成一种追求功名利禄的世俗心态，相反，郑家的家风始终注重品性与道德，注重“忠厚仁善”四个字。这一点，从郑板桥的名字就看得出来。他的本名是郑燮，“燮”字是其父根据儒家典籍《尚书》而取，为上古三德之中的“柔克”，意为以“柔顺温和善良”来立身处世。

只是命运却偏要给予“柔克”的郑板桥许

多猛烈的打击，让他的一生都充满磨难。

在他三岁时，生母去世，家乡又遭遇灾荒，家道随之中落。幸而有一位勤劳善良的女仆，悉心抚养郑板桥。但这位女仆后来也为了生计，不得不在郑板桥七岁时离开。随后郑板桥一度寄养于族人家中，可谓自幼就缺少母爱的关怀。

除了失去母亲之外，郑板桥的童年岁月中还接连承受了失去多位亲人的打击。当时郑家所在的江苏兴化地区，时常为灾荒和瘟疫所肆虐，他的继母、叔父等都先后染病去世。

郑家也越发衰落，但郑家家学并未随之衰落，家风也并未随之衰落。

自幼他便受到父亲良好的启蒙教育，三岁识字、五岁背诗、六岁读经、八岁作对……

除了自己亲自教授外，还有他的舅父等族人来当老师，以及一些父亲的朋友，其中不乏出色的学者。

郑板桥是很有天资的，他后来名扬天下的“诗书画”三绝，在其二十岁时就已经有了相当功底，可以出去卖字卖画补贴家用了。但他却缺少在日益僵化之科举考场上博得一个功名的天资，二十岁中秀才，四十岁时中举人，四十四岁时才中进士，跨越康熙、雍正、乾隆三朝，比《范进中举》的主人公好不到哪儿去。

漫长的科考之路，导致郑板桥一直缺乏稳定的生活收入，长期靠在乡间开私塾维生。他的私塾并非四方学子前来求读、挤得门口水泄不通的那种，因为他还没有闻名天下，所以要看家长乃至学生脸色，好不容易招来几个，更要小心教授。对此，郑板桥后来有诗为证："教馆原本是下流，傍人门户过春秋。"

即便他在四十余岁时终于得以出仕为官，贫困也没有远离他。"三年清知府，十万雪花银"，那是说的贪官污吏，郑板桥不是，他既没有做到知府级别，也没有捞钱的"本事"，始终以"两袖清风"来来去去。他当了十二年的七品县令，离任之时，只带了三头毛驴，一头他自己坐，一头驮书，一头坐他的书童。

而他离任的原因之一，就在于自己以"忠厚仁善"为官，体恤百姓疾苦，屡屡救灾救急，却不仅得不到上级的支持，还受到上面的非议和排挤。

如他在山东潍县做县令时，遇上此地大饥荒。本来以“民务农桑，有富庶之风”闻名的一个县，竟然出现了人吃人的惨状。当地官吏却坐视不理，郑板桥到任之后，则是毫不犹豫，立即下令打开官仓救民。那些衙门里面的行尸走肉却全力阻挠郑板桥此举，缘由是——此事要层层上报，通过审批之后，才能实行。

对于那些高居上层的官员，郑板桥可不敢抱太大希望，等到他们在一番推诿扯皮之后，潍县的老百姓怕都已饿死了。行“忠厚仁善”就要有牺牲自己利益的勇气，郑板桥有。

史称他毅然开仓之后，当地百姓因此得以活命者多达万余人。

后来他又拿出自己那本就不太多的俸禄，为那些穷困百姓代缴朝廷的苛捐杂税。再度遇上饥荒时，又用“以工代赈”的法子，招募饥民做工，供给粮食。

这些都是一个有良知的县令应当做的本分之

事，是“父母官”所必为，但郑板桥却因此开罪同僚，引起上级不满，最终被迫离职而去。

仕途不顺的同时，他的家庭生活也颇为惨淡，子女先后夭折，在这封家书中所言的那个儿子，也在其中之列。

充满悲伤的人生，让郑板桥对于生命更加珍视，对于“忠厚仁善”的家风也更有体会。天地不仁，但人要仁，故而郑板桥在家书中才会如此重视“忠厚仁善”。他的苦口婆心，是源自他的悲苦一生，虽然未能直接传承给自己的子女，却随着他的“诗书画”传于更多的人，让他成为民间敬仰的一位贤者，而不仅仅只是一名画师。

25

“中华民族多数是性情中正和平、淡泊、朴实”

——（现代）傅雷

人物简介

傅雷（1908—1966），字怒安，号怒庵，生于原江苏省南汇县下沙乡（今上海市浦东新区航头镇），中国著名翻译家、作家、教育家、美术评论家，中国民主促进会（民进）的重要缔造者之一。傅雷致力于法国文学的翻译与介绍工作，译作丰富，行文流畅，文笔传神，翻译态度严谨。他翻译了大量的法文作品，其中包括巴尔扎克、罗曼·罗兰、伏尔泰等名家著作。20 世纪 60 年代初，傅雷因在翻译巴尔扎克作品方面的卓越贡献，被法国巴尔扎克研究会吸收为会员。其有两子傅聪、傅敏，傅聪为世界范围内享有盛誉的钢琴家，傅敏为英语教师。

家书摘编

从文艺复兴以来，各种古代文化，各种不同民族，各种不同的思想感情大接触之下，造成了近代人的极度复杂的头脑与心情；加上政治经济和社会的急剧变化（如法国大革命，十九世纪的工业革命，封建社会与资本主义社会的交替等等），人的精神状态愈加充满了矛盾。这个矛盾中最尖锐的部分仍然是基督教思想与个人主义的自由独立与自我扩张的对立。凡是非基督徒的矛盾，仅仅反映经济方面的苦闷，其程度决没有那么强烈——在艺术上表现这种矛盾特别显著的，恐怕要算贝多芬了。以贝多芬与歌德作比较研究，大概更可证实我的假定。

中华民族从古以来不追求自我扩张，从来不把人看做高于一切，在哲学文艺方面的表现都反映出人在自然界中与万物占着一个比例较为恰当的地位，而非绝对统治万物，奴役万物的主宰。因此我们的苦闷，基本上比西方人为少为小；因为苦闷的强弱原是随欲望与野心的大小而转移的。农业社会的人比工业社会的人享受差得多，因此欲望也小得多。况中国古代素来以不滞于物，不为物役为最主要的人生哲学。并非我们没有守财奴，但比起莫里哀与巴尔扎克笔下的守财奴与野心家来，就小巫见大巫了。中国（华）民族多数是性情中正和平、淡泊、朴实，比西方人容易满足……对中国知识分子拘束最大的倒是僵死的礼教，从南宋的理学起一直到清朝末年，养成了规行矩步，整天反省，唯恐背礼越矩的迂腐头脑，也养成了口是心非的假道学、伪君子。其次是明清两代的科举制度，不仅束缚性灵，也使一部分有心胸有能力的人徘徊于功名利禄与真正修心养性，致知格物的矛盾中（反映于《儒林外史》中）——然而这一类的矛盾也决不像近代西方人的矛盾那么有害身心。我们的社会进步迟缓，资本主义制度发展若断若续，封建时代的经济基础始终存在，封建时代的道德观、人生观、宇宙观以及一切上层建筑，到近百年中还有很大势力，使我们的精神状态，思想情形不致如资本主义高度发展的国家的人那样混乱、复杂、病态；我们比起欧美人来一方面是落后，一方面也单纯，就是说更健全一些——从民族特性，传统思想，以及经济制度等等各个方面看，我们和西方人比较之下都有这个双重性。

人没有苦闷，没有矛盾，就不会进步……所要避免的乃是因苦闷而导致身心失常，或者玩世不恭，变做游戏人生的态度。从另一角度看，最伤人的（对己对人，对小我与集体都有害的）乃是由passion（激情）出发的苦闷与矛盾，例如热衷名利而得不到名利的人，怀着野心而明明不能实现的人，经常忌妒别人、仇恨别人的人，那一类苦闷便是与己与人都有大害的。凡是从自卑感自溺狂等等来的苦闷对社会都是不利的，对自己也是致命伤。反之，倘是忧时忧国，不是为小我打算而是为了社会福利，人类前途而感到的苦闷，因为出发点是正义，是理想，是热爱，所以即有矛盾，对己对人都无害处，倒反能逼自己作出一些小小的贡献来。但此种苦闷也须用智慧来解决，至少在苦闷的时间不能忘了明哲的教训，才不至于转到悲观绝望，用灰色眼镜看事物，才能保持健康的心情继续在人生中奋斗——而唯有如此，自己的小我苦闷才能转化为一种活泼泼的力量而不仅仅成为愤世嫉俗的消极因素；因为愤世嫉俗并不能解决矛盾，也就不能使自己往前迈进一步。由此得出一个结论，我们不怕经常苦闷，经常矛盾，但必须不让这苦闷与矛盾妨碍我们愉快的心情。

家风故事

这封家书的作者傅雷，在家风文化中是一位很有影响力的人物。他曾给子女写过许多家书，这些家书后来被其次子傅敏编辑成书，传播甚广，傅雷的家教思想也由此得以深入人心。

在傅雷的家教思想中，“善良”是一大主题。比如在这封家书中，他就从东西方文明比较的宏观角度告诉子女，要传承中华文明中“中正和平、淡泊、朴实”的一面，要谦卑，不能自视甚高。他特别强调："中华民族从古以来不追求自我扩张，从来不把人看做高于一切，在哲学文艺方面的表现都反映出人在自然界中与万物占着一个比例较为恰当的地位，而非绝对统治万物，奴役万物的主宰。因此我们的苦闷，基本上比西方人为少为小；因为苦闷的强弱原是随欲望与野心的大小而转移的。"

此乃国风，也是其家风。

在傅雷的其他家书中，他也不忘告诫子女，要以"善良"为处世立身的要旨。

如在 1955 年 5 月 11 日写给子女的家书中，他就谈道：

"一个热情的人，尤其是青年，过火是免不了的；只要心地善良、正直，胸襟宽，能及时改正自己的判断，不固执己见，那就很好了。你不必多责备自己，只要以后多写信，让我们多了解你的情况，随时给你提提意见，那就比空自内疚、后悔挽救不了的'以往'，有意思多了。"

在 1960 年 8 月 29 日的一封家书中，他又针对子女的婚姻问题，谈到了要有三大原则，"善良”即是其中之一：

“对终身伴侣的要求，正如对人生一切的要求一样不能太苛。事情总有正反两面：追得你太迫切了，你觉得负担重；追得不紧了，又觉得不够热烈。温柔的人有时会显得懦弱，刚强了又近乎专制。幻想多了未免不切实际，能干的管家太太又觉得俗气。只有长处没有短处的人在哪儿呢？世界上究竟有没有十全十美的人或事物呢？抚躬自问，自己又完美到什么程度呢？这一类的问题想必你考虑过不止一次。我觉得最主要的还是本质的善良，天性的温厚，开阔的胸襟。有了这三样，其他都可以逐渐培养；而且有了这三样，将来即使遇到大大小小的风波也不致变成悲剧。做艺术家的妻子比做任何人的妻子都难；你要不预先明白这一点，即使你知道‘责人太严，责己太宽’，也不容易学会明哲、体贴、容忍。只要能代你解决生活琐事，同时对你的事业感到兴趣就行，对学问的钻研等等暂时不必期望过奢，还得看你们婚后的生活如何。眼前双方先学习相互的尊重、谅解、宽容。”

第四章　忠孝传家

26

“为子之道，莫大于宝身全行，以显父母”

——（三国）王昶

人物简介

王昶（？—259），字文舒，太原郡晋阳县（今山西太原）人，三国后期曹魏名臣。他最初是曹丕的文学侍从，曹丕继位之后，历任散骑侍郎、兖州刺史等职。他熟悉吏治，勤于政务，又是文武全才，深谙兵法，善于治军，曾在伐吴以及平定毌丘俭、诸葛诞叛乱中立下战功，因功升至司空。

家书摘编

夫人为子之道，莫大于宝身全行，以显父母。此三者人知其善，而或危身破家，陷于灭亡之祸者，何也？由所祖习非其道也。夫孝敬仁义，百行之首，行之而立，身之本也。孝敬则宗族安之，仁义则乡党重之，此行成于内，名著于外者矣。人若不笃于至行，而背本逐末，以陷浮华焉，以成朋党焉；浮华则有虚伪之累，朋党则有彼此之患。此二者之戒，昭然著明，而循覆车滋众，逐末弥甚，皆由惑当时之誉，昧目前之利故也。夫富贵声名，人情所乐，而君子或得而不处，何也？恶不由其道耳。患人知进而不知退，知欲而不知足，故有困辱之累，悔吝之咎。语曰："如不知足，则失所欲。"故知足之足常足矣。览往事之成败，察将来之吉凶，未有干名要利，欲而不厌，而能保世持家，永全福禄者也。欲使汝曹立身行己，遵儒者之教，履道家之言，故以玄默冲虚为名，欲使汝曹顾名思义，不敢违越也。

……

夫人有善鲜不自伐，有能者寡不自矜，伐则掩人，矜则陵人。掩人者人亦掩之，陵人者人亦陵之。故三郤为戮于晋，王叔负罪于周，不惟矜善自伐好争之咎乎？故君子不自称，非以让人，恶其盖人也。夫能屈以为伸，让以为得，弱以为强，鲜不遂矣。夫毁誉，爱恶之原而祸福之机也，是以圣人慎之。孔子曰：“吾之于人，谁毁谁誉；如有所誉，必有所试。”又曰：“子贡方人。赐也贤乎哉，我则不暇。”以圣人之德，犹尚如此，况庸庸之徒而轻毁誉哉？

昔伏波将军马援戒其兄子，言：“闻人之恶，当如闻父母之名；耳可得而闻，口不可得而言也。”斯戒至矣。人或毁己，当退而求之于身。若己有可毁之行，则彼言当矣；若己无可毁之行，则彼言妄矣。当则无怨于彼，妄则无害于身，又何反报焉？且闻人毁己而忿者，恶丑声之加入也，人报者滋甚，不如默而自修己也。

……

及其用财先九族，其施舍务周急，其出入存

故老，其论议贵无贬，其进仕尚忠节，其取人务实道，其处世戒骄淫，其贫贱慎无戚，其进退念合宜，其行事加九思，如此而已。吾复何忧哉？

家书大意

做子女的原则，就在于要珍惜自身名节，端正自身行为，以此来显亲扬名。然而总有人身陷危难家庭破灭，沉沦在身死家亡的灾祸中，为什么会这样呢？因为他所遵行效法的准则不对。孝顺、恭敬、仁爱、道义是行事的指南，按这些正确的准则行事才能站得稳，是立身的要本。孝顺、谨敬地对待长辈，宗族中就站得稳，仁爱、守义地对待别人，乡邻就会看重这样的人；这样在宗族乡邻之间行事就可以成就自己，也会在宗族同乡之外传出美名。人如果不坚守这正道行事，反而背离这立身之本追求眼前利益，就会使自己陷于短浅的浮华之中，就会使自己沉溺于狐朋狗友之中；陷于浮华就失于虚伪，溺于朋党就得彼此防备、彼此陷害。这两者的祸害，一目了然，然而沿着这条导致覆灭的道路走下去的人却越来越多，舍本逐末的人也更加多起来，都是因为人被当时的称赞迷了眼，被眼前的利益迷了心。富贵名声，本是人人都喜欢的，然而君子有时却得到了也不要，为什么？因为厌恶这些富贵名声不是遵循正道得来的。担心大家只知道向前却不知道后退，只知道追求却不知道满足，所以才会有困顿受辱的拖累、招致悔恨的罪过。俗话说：“如果不知道满足，就会失去你想要的。”所以知道满足的才是恒久的满足。看往事的成败，看后来的吉凶演变，没有求名求利、充满贪欲而不知道餍足的人能够家世绵延、长保福禄的。我想让你们行事立身，能遵循儒家、道家的教导行事，因此用“玄、默、冲、虚”作为你们的名字，也就是想让你们顾名思义，不敢违背正道啊！

……

一个人如有点善行很少有不夸口的，有点才干也很少有不自负的。夸耀自己就容易看轻别人，自负自傲就容易盛气凌人。不懂谦让的人，别人也不会对他谦让；盛气凌人的人，别人也对他盛气凌人。晋国大夫郤锜、郤犨、郤至之所以为晋厉公所诛杀，王叔在周朝获罪，不就是自夸自负、争强好胜犯下的错吗？所以君子不炫耀自己，不是因为谦让他人，而是不喜欢掩蔽他人。能以屈为伸、以退为进、以弱为强的人，少有不成事的。诋毁与赞誉，正是爱恨的来由、祸福的转机，所以圣人都谨慎地对待。孔子说："我对于人，诋毁过谁？赞美过谁？如有所赞誉的，他必定经受了考验。"又说："子贡好评论别人。子贡（端木赐）你就很贤能吗？我就没那闲工夫去议论人家的不是。"凭圣人的德行，还尚且这样说，更何况平庸之辈却随便论人长短呢？

昔年伏波将军马援劝诫他的侄儿，说："听到别人的不是，应当像听到父母的名字一样；耳朵可以听，口中却不可以再评说、传论。"这劝诫真是对极了。有人非议你，应该退让然后从自身找问题。如果自己确有让人指责的行为，那别人的话就是恰当的；如果自己没有让人指责的行为，那别人的非议就是胡说了。对恰当的指责就不必怨恨，妄言胡说对自己本没有损害，又何必报复回去呢？而且听说别人指责自己就愤怒的人，应该厌恶再把丑恶的话语加到别人身上。要报复回去只会越发滋生指责、非议，不如默默地约束自己、修养自身德行。

……

在用钱方面，应以家族作为首先考虑的对象，施舍一定要注意周济那些急需的人，出入乡里一定要慰问老者先辈，议论时不要贬低别人，做官时要尽忠尽节，看人交友一定要取正道，处世一定不要骄傲贪淫。贫贱时万不可自暴自弃，进与退要想到是否合适，凡做事要三思而后行。如果这样做了，我还有什么忧虑的呢？

家风故事

这封家书的作者王昶，来自一个在古代历史上极为有名的豪门大族——太原王氏。此族在东汉、三国、两晋时期极为兴盛，出了许多风云人物。一般来说，实力强劲的豪门大族，都有一种积极进取乃至有些霸道张扬的家风，但从王昶这封家书来看，他却十分不提倡这种家风，反而认为要低调谨慎行事，并以此来训诫子女，告诉他们，真正的孝道就在于“宝身全行，以显父母”，也就是保全自己的性命与名节，不做那些凶险之事，正正当当、老老实实地活下去，如此父母才会安心，也才会有真正的荣耀。

之所以有这样一种观念，就在于王昶的许多族人都倾向于霸道张扬之风，以至于铤而走险、损身殒命者比比皆是，留下了许多惨痛教训。

如王昶有一位叔父，名为王允，也就是《三国演义》中以貂蝉离间董卓、吕布关系的那一位。在历史上，王允身边并没有叫貂蝉的舞女，但却有与小说所描述情节基本相同的经历。

太原王氏是豪门大族，族人多有在朝中为官者，王允因此得以不到二十岁年纪就出仕为官。但他绝非靠着先祖大树乘凉的庸碌之辈，而是文武双全的英杰。只不过这位英杰脾气不太好，做事也不太讲究方法，总是喜欢按照自己的性子、站在自己的角度去处理问题。如他曾与朝中专权宦官对着干，不讲究策略，让对方找到借口，打入牢中。朝中有智慧的大臣前来劝告他：“你接连遭到迫害，很明显是某某宦官与你过不去，性命都难保的情况下，又怎么匡时济世呢？所以你何不暂且忍耐退让一下，大丈夫能屈能伸嘛，如果此时一味强硬，只怕也就没有机会成就自己的志向了。”

这番话说得很有道理，但王允就是听不进去，还是明着和宦官硬来。后来靠着大臣们全力营救才得以出狱，出狱之后，也是久久得不到重用，一身本事无处施展。

待到王允后来遇上董卓之乱时，最初似乎还有些改变，知道暂时忍耐，以获得董卓信任，然后诛杀此贼。但在打倒董卓之后，他的老毛病又犯了，开始自以为天下第一，不将其他人放在眼里，结果很快就被董卓余部所打败，惨死于刀下。

他所代表的这种家风，“顺利”地传给了他的侄子王淩。此人也颇有才干，为曹操所发掘，一度留在身边当心腹，后来又外放地方做军政大员。但他也是不懂“宝身全行，以显父母”的道理，晚年居然想挟持曹魏宗室，另立江山。搞这种事情，他又不是另一个野心家司马懿的对手了。在还没来得及起兵的情况下，王淩的冒险就以失败告终，三族都被诛灭。

又如王昶另一位堂兄王基，也是不懂“宝身全行，以显父母”，在东晋初年，受到另一个王氏家族——琅琊王氏之代表人物王敦的信任，出任广州刺史，他却在叛军贿赂之下萌生出反意，结果落了个病死于逃亡路上的下场。

反观王昶，虽然他的才学并不见得比王允差，更不比王淩、王基等人差，但他从来都没有非分之想，“宝身全行，以显父母”是他的行事基调，也是家训主题。

这一点，从他给子女所起的名字就看得出来。他有三子，分别名为王浑，字玄冲；王深，字道冲；王湛，字处冲。“浑”，取质朴之意；“深”，取深沉之意；“湛”，取厚重之意。玄冲、道冲、处冲则都是源自清静无为之道家思想。

在应邀给兄弟子女取名时，王昶也是如此取法，给一个孩子取名为王默，字处静；一个孩子取名为王沈，字处道。“默”为静默之意，“沈”

则通“沉”，为沉静之意。处静、处道也是道家用语。

至于王昶一生，更是对“宝身全行，以显父母”的完美诠释。他身处于曹魏宗室与司马家族的血腥争斗之中，并未有投机之念，始终按照自己在家书中所言的那些原则，勤勉于政务军务，绝缘于朝堂是非，不仅自己得以平安，子女家人也没有出一个逆反之贼。

值得注意的是，王昶特意在家书中以马援“祸从口出”的典故来警醒子孙，要管好自己的嘴，不要理会小人之言。从他自己所为来看，他很好地吸取了马援一家之教训。

27

“情不遗旧，书何尽言”

——（唐）骆宾王

人物简介

骆宾王（627—684），字观光，婺州义乌（今浙江义乌）人，唐代诗人，与王勃、杨炯、卢照邻合称“初唐四杰”。又与富嘉谟并称“富骆”。唐龙朔初年（661年），骆宾王担任道王李元庆的属官。后来相继担任武功主簿和长安主簿。唐高宗仪凤四年（679年），升任中央政府的侍御史官职。曾经被人诬陷入狱，被赦免后出任地方官临海县丞，所以后人也称他骆临海。武则天光宅元年（684 年），徐敬业起兵讨伐武则天，他作为秘书，起草了著名的《为徐敬业讨武曌檄》。徐敬业兵败被杀后，骆宾王下落不明。

家书摘编

某月日，骆宾王谨致书于博昌父老：承并无恙，幸甚幸甚。云雨俄别，风壤异乡。春渚青山，载劳延想。秋天白露，几变光阴。古人云：别易会难，不其然也！

自解携襟袖，一十五年。交臂存亡，略无半在。张学士溘从朝露，辟闾公倏掩夜台。故吏门人，多游蒿里；耆年宿德，但见松丘。呜呼！泉壤殊途，幽明永隔。人理危促，天道奚言？感今怀旧，不觉涕之无从也。况过隙不留，藏舟难固。追惟浮生几何？哀缘物兴，事因情感。虽蒙庄一指，殆先觉于劳生；秦佚三号，讵忘情于怛化？啜其泣矣，尚何云哉？

又闻移县就乐安故城，廨宇邑居，咸徙其地；里阡陌，徒有其名。荒径三秋，蔓草滋于旧馆；颓墉四望，拱木多于故人。嗟乎！仙鹤来归，辽东之城郭犹是；灵乌代谢，汉南之陵谷已非。

昔吾先君，出宰斯邑，清芬虽远，遗爱犹存。延首城池，何心天地？虽则山河四塞，是称无棣之墟；松千秋，有切维桑之里。故每怀夙昔，尚想经过。于役不遑，愿言徒拥。

今西成有岁，东户无为。野老清谈，怡然自得；田家浊酒，乐以忘忧。故可洽赏当年，相欢卒岁。宁复惠存旧好，追思昔游？所恨予望之，经途密迩。伫中衢而空轸，巾下泽而莫因。风月虚心，形留神往；山川在目，室迩人遐。以此劳怀，增其叹息，情不遗旧，书何尽言。

家书大意

各位父老乡亲：

来信已收到，得知大家都平安无事，我很欣慰。匆匆分别之后，我就孤身一人流落到了外地，目睹春夏之景色，时时思念起故乡。特别是秋天白露前后，看到天上鸿雁南飞，更加让我思乡。古人曾言，离别容易相见难，我对此深有感触。

自从我和大家分别之后，已经过去了十五年。我的朋友有很多已经离世，还活着的也不多了。我原来的学生下属等，也纷纷离开了人世。唉，从此我与这些人阴阳相隔，生死永别。人生一世，匆匆而过，想到这些，我就忍不住哭泣起来。在追忆死者之时，我又想到自己，还能在世上活多久呢？

听说博昌县城已迁移到了其他地方，现在老家只剩下荒无人烟的道路和房屋以及丛生的杂草。这番情景想来就让人十分伤感。

以前家父曾在博昌为官，虽然已经过去很久，但他给当地百姓带来的仁惠至今还在发挥作用。现如今我遥望博昌县城，想起父亲曾经做官的地方已经变成了一堆废墟，上天怎么可以如此残忍？每当我想起以前的往事，就想回去看看，但总是没有时间。

如今天下太平，又是丰收之年，父老乡亲能够过上比较好的日子，没事时还能高高兴兴地坐在一起闲谈，饮着自家所酿造的酒，悠闲自在。

而我经常路过家乡，只需要再踮一踮脚尖，就能看到家乡的景色，却总是因为其他原因，不能这样做。我只有把车子停在路边，久久地站立在那里，为自己不能回乡探望而悲伤。虽然我当时距离故乡并不远，但却感觉离父老乡亲十分遥远，这其中的苦闷忧愁，又哪里是一封短短的家书所能讲明白的呢？

家风故事

这是唐代诗人骆宾王的一封家书，比较独特的地方在于，他这封家书不是写给某一位家人的，而是写给他的父老乡亲，这父老乡亲从严格意义上来讲还要打一个引号——因为他们并非骆宾王的故乡之人，而是骆宾王的第二故乡之人。但从家书内容来看，骆宾王对他们却有如同亲人一般的牵挂，这其中的缘由，就与骆宾王的家史以及家风有莫大关系了。

骆宾王的家族，历史颇长，上可追溯到东汉末年，活动于今天的浙江义乌地区，还是当时的豪门大族。经历四百余年沧桑之后，骆家内部也出现了明显的分化，富贵者纷纷迁居中原地区，留在老家的则日渐衰微。骆宾王一家属于后者。

其先祖虽然都是博学多才之人，却都未能一展所长，大部分时光都是隐居乡间，耕读为业。但骆宾王一家的精神境界并未因此而沉沦，耕读传家之下，有着珍视名节、清贫自守、不媚权贵的家风。

如其祖父，曾短暂做过官府小吏，后来离职归隐，悉心精研学问，同时教导子女。这位祖父为人豁达开朗，又有学问，是当地人心目中的一位长者。骆宾王的父亲骆履元，在骆宾王的祖父教导之下，也成长为一个才学儒雅之士，并踏入了仕途。

骆履元踏入仕途时，骆宾王的年纪还小，因为其履职地点并不在家乡，故而骆宾王的幼年时期是在祖父的监护下度过，这也是祖父对他进行启蒙教育的时期。骆宾王生来聪慧，被骆家寄予厚望，他的名字就是祖父与父亲翻遍典籍精心挑选而来。骆宾王的“宾王”二字，是出自《周易》中“观国之光，利用宾于王”一句，意为希望他长大之后，能成为一位悉心为民、忠心为君的良臣。

在祖父的教导和培养下，骆宾王很早就表现出了高超的文才，今天人人皆知的“鹅鹅鹅，曲项向天歌。白毛浮绿水，红掌拨清波”就是他在七岁时所作，其水平之高，纵观古今十岁以下的诗歌界，无人能与之相媲美。

这首诗的创作背景更是有意思。据野史记载称，那是骆家一位朋友来访，祖父看天气不错，便兴致勃勃地带着乖孙子一同陪友人外游。路过一池塘，看到池中有鹅游动，颇有一番情趣，祖父便起了诗意，但他有意考考孙子，看看教育效果如何，便让孙子立即出诗一首。对于这个随机考试，一旁的友人以为只是祖孙间的一个玩笑，七岁孩童能作什么诗？不料骆宾王略作思考，便作出了这首水平极高的诗歌，让友人大吃一惊，连称神童。

古代但凡颇有文才者，不仅在科举考场上没有出色表现，反而可能有极差的表现，这是古代历史中一个奇怪的定律，很不幸的是，骆宾王就是这个定律的代表之一。他的初次科考，以名落孙山作为结局。其中原因，倒不是他才学不济，而是父亲过早病亡，给这个本就不太宽裕的家庭带来沉重打击。

父亲病亡的地点，正是这封家书提到的博昌县。

那是父亲担任县令的地方，位于今天山东境内，距离故乡有千里之遥。骆宾王十余岁时便随母亲前往此地生活，一直到其成年，所以这里是他的第二故乡。

博昌县不算富庶大县，但也非贫瘠之地，如果是“会做官”的人，那油水还是有的。但骆宾王的父亲未曾忘记骆家家风，在不太长的仕途生涯中，始终以为民谋福、为国谋利为追求，两袖清风之下，并未给自己的家人留下金银财宝、豪宅田地。骆家虽然日益穷困，但骆宾王希望效法父亲，做一个清官廉吏、忠臣义士的念头愈加强烈。

在第一次科考失败之后，骆宾王回家苦读，数年之后，再度上京寻求出仕的机会。当时科举考试制度刚刚开始实行，许多不擅此道者纷纷前去寻求其他出路，比如投靠于贵族门下，做一个幕僚，再图进取。骆宾王也走了这条路，他投靠的对象是道王李元庆。

这个李元庆，具有非同一般的背景，唐太宗李世民是他的兄长。能在他麾下当幕僚，前途自然是有的。但问题是，李元庆麾下的幕僚并非只有骆宾王一个，而是一大群。人一多，是非自然就多，何况其中还有许多溜须拍马之徒，争着要在道王面前献宝，以求得其青睐，好高升为官。偏偏骆宾王做不来这种事。

但李元庆还是很赏识他，因为人家确实有才嘛，李元庆的许多文稿都出自他之手。后来李元庆为了给骆宾王找一个机会升迁为官，特意立了一个名目，要麾下幕僚都写一份自荐书，交到他那里，由他挑选之后，再递交到朝廷去申请官职。

这是骆宾王的一个好机会，但在他看来，这却是对自己人格的一种玩弄，他不屑于与一群小人相争，在自荐信中表明自己要走正途的态度。

结果弄得李元庆好不尴尬，既不能推荐他，也不好贬斥他，但从此就疏远了他。

此后，骆宾王就在做小吏和隐居乡间之间辗转，还曾在边塞从军，经历比他的先祖更为曲折艰辛，一晃到了四十岁时，才“守得云开见月明”，被任命为朝中侍御史。这个官职是监察百官的，品级不高，但权力很大。按理说，应该很符合骆宾王这种清廉高洁之人，但事实是，当时的官场需要圆滑之人来做这个容易得罪人的工作。很快，骆宾王就因为直言犯禁被人陷害，获罪下狱。还好一年之后，唐高宗登基，大赦天下，他才没有因此而人生尽毁，还很快又得到官职——县令。

骆宾王此时已过中年，一身才学与抱负无从施展，反而受尽排挤和打击，愤懑之下，做县令不到一年就辞职而去。

在此期间，他曾回到第二故乡博昌，虽然自己飘荡数十年，功名微薄，家乡父老却并未因此而有所嫌弃，反而对这位曾经在这里生活过多年的孩子报以亲人般的热情，让骆宾王心中感慨万千，这一切，都在这封家书中有淋漓尽致的体现。

但骆宾王却未能如先祖一样，在这里度过一个平安的晚年，因为他参与了反抗武则天的战争。

那是一场由唐初功臣之后徐敬业发起的战争，参与者很多，都有各自不同的目的，骆宾王则是出于对世道、官场、朝政的不满。他在军中的角色是负责文字工作，曾写就一篇讨伐武则天的檄文，与他所作无数诗文一样，有极高水平，高到连被痛骂的武则天都觉得自己错失了一个宝贵的人才，并表示："有如此才不用，宰相过也。"

这场战争很快就失败于武则天的镇压之下，骆宾王则是去向不明。有人说他死于乱军之中；有人说他逃亡海外；还有人说他隐居山中寺庙，九十岁时还曾被人遇见……

无论是死是生，他一定很想家。

28

“均是子孙，固无亲疏”

——（北宋）范仲淹

人物简介

范仲淹（989—1052），字希文，祖籍邠州（今陕西省彬县），后迁居苏州吴县（今江苏省吴县），北宋著名的思想家、政治家、军事家、文学家。他为政清廉，体恤民情，刚直不阿，力主改革，屡遭奸佞诬谤，数度被贬。皇祐四年（1052 年）五月二十日范仲淹病逝于徐州，终年六十四岁，谥号文正，世称范文正公。范仲淹政绩卓著，文学成就突出，他倡导的“先天下之忧而忧，后天下之乐而乐”思想和仁人志士节操，对后世影响深远。

家书摘编

吾贫时，与汝母养吾亲，汝母躬执爨而吾亲甘旨，未尝充也。今得厚禄，欲以养亲，亲不在矣。汝母已早世，吾所最恨者，忍令若曹享富贵之乐也。

吴中宗族甚众，于吾固有亲疏。然以吾祖宗视之，则均是子孙，固无亲疏也，吾安得不恤其饥寒哉。自祖宗来积德百余年，而始发于吾，得至大官，若独享富贵而不恤宗族，异日何以见祖宗于地下，今何颜以入家庙乎？

京师交游，慎于高论，不同当言责之地。且温习文字，清心洁行，以自树立平生之称。当见大节，不必窃论曲直，取小名招大悔矣。京师少往还，凡见利处，便须思患。老夫屡经风波，惟能忍穷，故得免祸。

大参到任，必受知也。为勤学奉公，勿忧前路。慎勿作书求人荐拔，但自充实为妙。将就大对，诚吾道之风采，宜谦下兢畏，以副士望。

青春何苦多病，岂不以摄生为意耶？门才起立，宗族未受赐，有文学称，亦未为国家所用，岂肯循常人之情，轻其身汩其志哉！贤弟请宽心将息，虽清贫，但身安为重。家间苦淡，士之常也，省去冗口可矣。请多着功夫看道书，见寿而康者，问其所以，则有所得矣。

汝守官处小心，不得欺事，与同官和睦多礼，有事只与同官议，莫与公人商量，莫纵乡亲来部下兴贩，自家且一向清心做官，莫营私利。汝看老叔自来如何，还曾营私否？自家好，家门各为好事，以光祖宗。

家书大意

为父以前贫穷时，与你们的母亲一起奉养你们的祖父母，你们的母亲去烧火，为父去下厨，但因为贫穷总是不能给祖父母弄些好吃的。现在为父经济条件好了很多，准备让你们的祖父母享福，他们却早已不在人世。你们的母亲也已经去世，这是我的一大遗憾，你们又怎能忍心独享富贵？

老家的族人很多，与我家有亲有疏。但从先祖的角度来看，则都是我家子孙，族人之间怎么能互相不理会，对于贫寒族人又怎么能不加以帮助呢？为父今天的成就，也是托祖宗积福，如果享受富贵却不顾祖宗的子孙，将来又有何面目去见列祖列宗，又有什么资格进入家族的宗庙中？

在京城期间，不得妄议朝政，随便说一些涉及时局的事情。你们需要做的是勤奋读书，修身养性，形成一个稳重的形象。做人应该有大的气度，不可整天纠缠于一些琐碎之争，图一时之快，终究都会后悔。此外，不得耗费时间与精力在交朋结友上。看到有好处的事情，就要想到很可能祸患也就不远了。为父在京城经历过很多风波，但有一点始终不改，那就是不怕穷，这一点帮助为父熬过了不少风波。

在仕途上，要以充实自己、廉洁奉公为准则，切不可学一些庸俗之人，整天忙着找这个找那个推荐自己、走关系。

在身体健康上也要多多注意，年纪轻轻的怎

么可以一身病痛，身体不好还怎么去报效国家、养护家庭呢？所以弟弟要放宽心，先把身体养好，不用为清贫发愁，清贫乃是君子的常态。平时要多读书，也要向一些贤者多多请教，定会有很多收获。

在外做官要小心谨慎，不能做一些违背良心的事情，与同僚要保持和睦关系，公事只与同僚商议，不得轻易与外人说起。不能纵容乡亲或族人到自己管辖的地方做生意，借着自己的权威谋利。我们家的人，只可清廉为官，不得以权谋私。

家风故事

这是范仲淹写给家族子弟的一封家书，其中内容比较丰富，既有告诫子弟在“治家”方面注重团结互助，也有告诫子弟低调谦恭处世，少惹是非，还有告诫子弟清廉为官，乃至于在身体健康方面，都有一番告诫。

由此可见范仲淹的“家族情深”。但他的自幼经历却并非“家族情深”，而是“家族情薄”。

本来范家是书香门第，历代都有“学而优则仕”的人物，有的官位还比较高，做到了宰相级别。同时也早就立下了很好的家风，如曾做到唐代宰相的范履冰，人如其名，为官、做人、处世的态度如履薄冰，从不敢愧对先祖、有辱家门。

但到了范仲淹出生时，这种家风的传承却有所中断。

他两岁时父亲病亡，由于家境贫困，孤儿寡母无处可依，只得改嫁一朱姓人家，范仲淹也因此改名为朱说。由此观之，可知此家族当时不团结的状况有多么严重，竟然没有一个族人出来对孤儿寡母施以援手。

寄人篱下的母子，日子也是十分艰难。范仲淹幼年读书时曾寄居于寺庙之中，缺衣少食，不得不将冷稀饭晾干划作几块，在不会饿死的情况下尽可能限制自己的食欲，他和母亲在朱家的处境可想而知。

由此也可以理解在他考取功名之后，便毅然将母亲从朱家接出，并恢复姓氏。

但出人意料的是，他在做了官、有了“实

力”之后，并未对朱家以冷面相待，更没有采取什么报复措施。反而是在恢复姓氏、分家而居后，还时常与朱家兄弟书信往来，嘘寒问暖，并以自己的能力进行一些扶助。这种善良宽容，才是范家的家风。

在范仲淹看来，恢复自己的姓氏是一种家门责任，不容逃避，但那并非意味着同时就要与朱家人站到对立面去，过去的一切不愉快都让它过去吧，这点事都容不下，何谈“先天下之忧而忧，后天下之乐而乐”？

与先祖范履冰一样，范仲淹也是极为清廉，不仅不贪腐，还始终觉得朝廷发给自己的俸禄太多太丰厚，自己的所作所为根本对不起这些民脂民膏，哪里还敢有贪腐的念头？他曾写信给上司，谦虚地称自己不过是一个小官，却一年享受多达三十万两的俸禄，相当于当时老百姓耕种两千亩田地一年所得的收入，实在是受之有愧。他一生的仕途都与荣华富贵无缘，即便自己后来高居宰相之位，有发起一场天下改革的权力，也依旧是布衣素食，只有贵客来吃饭时才会难得地加上一道荤菜，他更没有添置房产或者田产的爱好。

那么，他的钱去哪儿了？救人——救穷困百姓，更救穷困读书人。

皇帝曾封赏他百两黄金，他用来周济穷人，买地办学，兴建起一座苏州府学，教化之功极为出色，引起朝廷注意，下令天下效仿，苏州一地更是从此文教大兴，状元辈出。

到了晚年，他回想起当年范家分崩离析之下，无人来过问他们孤儿寡母的悲苦往事，有了一个传家的念头。

那就是将自己的财产拿来，在家乡买了一千多亩良田，然后将这一千多亩良田无偿捐出来，成立了一个“范氏义庄”，由范家族人共有共管，救济穷困族人，避免自己当年孤儿寡母的事情再度发生，同时也周济附近其他穷人。

这是一个寿命相当长的古代慈善基金会，从范仲淹创立开始，存在了八百余年，到清朝末年，由于历代子孙的捐赠，其田地已多达五千余亩。

长寿的原因，就在于范仲淹早就立下一系列家训，要范家子孙以“均是子孙，固无亲疏”的家风为念，妥善管理。范家子孙秉持这种家风，代代相传，才成就了“范氏义庄”的奇迹。

29

“为人祖宗父兄者，惟愿有好子弟”

——（明）罗伦

人物简介

罗伦(1431—1478)，字应魁，又字彝正，号一峰，江西吉安永丰县人，明代官员、学者。出身贫寒，好学成才，三十五岁中状元，历任多职。后以疾辞归，隐于金牛山，钻研经学，招收门徒。其为人刚正，严于律己，生活清贫淡泊，在民间甚有威望。

家书摘编

列位叔父，列位兄长：

别后想得安康？伦别无他嘱，为人祖宗父兄者，惟愿有好子弟。所以有好子弟者，非好田宅，好衣服，好官爵，一时夸耀闾里者也。谓有好名节，与日月争光，与山岳争重，与霄垠争久，足以安国家，足以风四方，足以奠苍生，足以垂后世。如汴宋之欧阳修，如南渡之文丞相者是也。若只求饱温，习势利，如前所云，则所谓恶子弟，非好子弟也。此等子弟，在家未仕也，足以辱祖宗，殃子孙，害身家；出而仕也，足以污朝廷，祸天下，负后世，甚至子孙有不敢认。如宋之蔡京、秦桧，此岂父兄祖宗之所愿哉！想其势焰官爵富贵，岂止如今日乡里中一二前辈也！而今日安在哉？

然所谓好子弟者，亦在父兄子侄成就之耳。人才之盛，乡党为最。然非父兄败之，则子孙丧之，取讥天下，贻笑后世，甚可恶也，载之史书，使后世之明君贤主，轻弃南人未必不由此也。但愿叔父听之，子侄戒之，其怂成我做天地间一个完人。

盖未有治国不由齐家，家不齐而求治国，无此理也。何谓齐家，不争田地，不占山林，不尚争斗，不肆强梁，不败乡里，不陵宗族，不扰官府，不尚奢侈，弟让其兄，侄让其叔，妇敬其夫，奴恭其主。只要认得一忍字，一让字，便齐得家也。其要在子弟读书与礼让。若不听吾言，譬如争一亩田，占一亩住基，两边不让，或致人命，或告官府，或集亲戚，所损甚大。若以此费置买前物，所费几倍，或曰住基无卖，此又愚也。其所以为此计者，不过遗自己之子耳。父母之心，爱子孙一也。今夺吾父母之子，以与自己之子，甚非我父母之心也。父母虽不在，逆其心，则逆天理也，安知吾子孙不如今日之争哉！凡事皆比类也，而此事尤切，故特言之。

今后若有田地事物不明，只许自家明白，不许扰及官府。我若不仕，尤当守此言也。其余取债之属，民甚贫穷可悯，自己少用一分，便积得一分德，奴仆放横，不可放起。自今以后，无片言只字经动府县方好。不然，外人指议，此人要做好人，不能齐家，世间安有此等好人哉？由此得祸，不可知也。

兼我在此，国事日在心怀，仲淹做秀才时，便以天下为己任，况今日乎？进退得失，有义有命，吾心视之，已如孤云野鹤，脱洒无系，自古坏事，皆是爱官职底人，弄得狼狈了脱，便根本不安，枝叶安得保乎？戒之！戒之！使我以区区官势来齐家，不以礼义相告，便成下等人了。但中间有等无知子弟，与不才奴仆，弄出事来，则须治之以官耳。叔父须戒之，慎勿以吾言为迂也！

家书大意

各位叔父、兄弟：

近来一切可好？我此次来信，没有什么其他的事情，只是提醒大家，我们做长辈的，最大的心愿，应该是家族下一代都是好子弟。何谓好子弟呢？并非是他们钱多官大，而是他们有很好的名声、才学与气节，能够安邦定国，为万世典范。就如同当年的欧阳修、文天祥一样。如果只是追求一些世俗之利，变成势利之徒，那就不是好子弟，而是坏子弟了。这种坏子弟，如果没出去做官，待在家中，那就会祸害家族。如果出去做官，那就会祸害天下，以至于后世子孙都不敢认他，比如以前的奸臣蔡京、秦桧。这些人当年的官位、财富，是多么的惊人，今天他们却都是臭名远扬。

晚辈成长为好子弟，也是长辈的成就所在。自古以来，人才多是从地方上成长起来。如果长辈没有好好管教子孙，养出一些坏子弟来，那么就会成为世人的笑柄，并留下千古骂名。

连家都管不好，自然也谈不上治国，如何管好一个家呢？关键就在于“忍让”二字。在教导子弟读书时，就要让他们学会忍让。如果不会忍让，那么家族成员之间就会因为一点蝇头小利争执不休，以至于闹到官府，那损失就大了。要知道，大家都是同一个祖宗发源而来，互相争斗就是自相残害，这既违背祖宗的遗愿，更是违背天理。

所以，今后我们家族内的田地纠纷，只能在家族内部协商解决，不可去告官。我如果在家中，自会带头作一个表率。否则外人就会说，这家人自称要怎么怎么样，却连自己的家都管不好。这些非议一旦出现，那么祸患也就不远了。

我现在是以国事为重，当年范仲淹还没做官时，就是以天下为己任，何况现在的我？自古以来那些成不了事的人，多是爱官爱权，最终坏了根本。所以我绝不会以自己的权力来治家，只会以礼义道德来治家。如果我们家族有子弟或者仆人，仗着我的官名胡作非为，那就严惩不贷。对此各位叔父一定要引起重视，不要认为这是我的迂腐之言。

家风故事

在这封写给族人的家书中，罗伦重点谈到了如何教导家族子弟的问题。在他看来，这是族中长者首要的大事，教导出来好子弟，也就是家族之福。那么何谓好子弟呢？在罗伦看来，并非在于功名利禄上，“好田宅，好衣服，好官爵，一时夸耀闾里者也”；而是在于德行功绩上，“有好名节，与日月争光，与山岳争重，与霄垠争久，足以安国家，足以风四方，足以奠苍生，足以垂后世”。

这番语重心长的告诫，正是罗伦所在一族的家风，在这种家风熏陶之下，先后涌现出了许多“好子弟”，罗伦自己也是其中之一，他与另外两位杰出者并称为“三罗”。

这个家族聚居于江西吉安一带，自南宋时期就开始形成一种好学求知的风气，多有状元之才。到了明代，这种风气更盛，族中各家境况有贫富之别，但在读书上，几乎就是家家一样了。

如罗伦，其家境贫寒，在族中属于比较靠下的一家，但族人对他家接济甚多。这种接济不仅限于钱粮上的帮助，更多的还是在于对罗伦读书的支持。故而罗伦虽然很小年纪就要砍柴放牛，却始终是手不释卷，一有空闲就会翻开书本，诵读典籍。他有卓越天资，如此“半工半读”到十四岁时，就已经可以当先生收徒了。在他考上秀才后，当地官员得知其事迹，甚为佩服，主动提出愿意资助他，但罗伦加以婉拒。原因就在于饱读诗书的他，已有了几分效法古代圣贤淡泊于物欲、追求于济世的理想，这也是罗家家风所使然。

此后罗伦又考上举人，并在三十五岁时站到了古代科举考试最高级别的考场上，接受时任明朝皇帝朱见深的考察。这位一身正气的寒门学子，并未如许多考生一上来就满口歌功颂德，而是针对种种朝政的弊病大胆直言，洋洋洒洒万余字。而朱见深也是刚刚继位不久，正有心重振朝纲，罗伦之言正合其意，遂将之选为第一名，也就是状元。

但这位朱见深做皇帝的能力与气度却明显不足，至多算是有一点明君之相。他对于贤良忠臣的信赖，很快就被他个人的喜好所代替。在这种喜好之下，宦官把持的特务机构西厂成为核心部门，凌驾于官吏队伍之上。朱见深还设立专门机构，抢占民间的肥田沃土，为自己谋利。到后来，他甚至独裁人事大权，想让谁当官就让谁当官。他所宠信的宦官乃至妃嫔，便“顺水推舟”，将朝廷官爵拿出来售卖获利。

这显然不是罗伦可以效忠的对象，事实上，在那次考试之后不久，罗伦便因为直言进谏惹怒了朱见深，被从中央外贬到了福建泉州市舶司副提举。这个市舶司，乃是当时的明朝对外贸易管理机构，相当于今天的海关，在“有心人”看来，是一个油水丰厚的机构。按照“有心人”的思路，既然罗伦因为得罪皇帝已经失去了仕途，那就应该在“钱途”上好好发展一下。

罗伦却以清廉自守，在任期间，莫说敛财，连自家生计都有些难以维持，甚至要在空闲时为人写字来换取点酬劳，以补贴家用。有朋友得知他得了一个“肥差”，前来拜访，却发现罗伦所居与贫民无异，甚至连多余的米粮都没有，有客来了，还要去邻居家借米下锅。这位朋友见罗伦衣服破旧，天气又转寒，便赠予一席衣袍，不料罗伦隔几日外出发现一穷人衣不蔽体，便将此衣袍解下相送了。

然而，如此清廉、淡泊、慷慨的官员毕竟是少数，何况贪婪之宦官，早已将手伸到了市舶司。数年之后，罗伦选择了隐退，回到故乡，精研学问，同时致力于家族子弟的管教，他曾立下一系列的家族之规，其族人“相率无敢犯”。

在他的影响之下，“三罗”之外的另外两位也逐渐成长了起来，罗家家风在他们身上得到了传承和发扬。

一位名为罗钦顺，比罗伦小三十余岁，其出身颇好，家中世代都有人在朝中为官，在族中排名靠上。但他并不以此而自骄，而是在更高起点之上，对自己有更高之要求，族中那位颇有威名的罗伦就是他学习的对象。他虽未中状元，却也是在皇帝考察之下得了第三名的佳绩，也就是俗称的探花。与罗伦相似，他也以清廉严明、刚正不阿为做官之道，并因此得罪宦官，后来愤而离职，归乡隐居，研究学问，教授族人，可以说是继承了罗伦的事业。

另一位名为罗洪先，他在罗伦离世二十余年后出生。虽然族中先贤已去，但其在家书中所谈教导好子弟的思想，却留在了家风之中。罗洪先便是在这种家风熏陶下长大，史称他“幼慕罗伦为人”——自幼便仰慕罗伦的做人之道。在这种仰慕之下，罗洪先发愤苦学，二十五岁时便考中状元。须知从隋朝开始推行科举，到清末废止，一千三百余年间，状元总数不过七百余个，明朝两百余年则只有不到九十个，一族在数十年间能连出两位状元，堪称奇迹。

这个奇迹，显然有罗家家风的作用，罗伦在家书中所言“为人祖宗父兄者，惟愿有好子弟”之理想，已然得以实现。

30

“吾家以四代甲科，鼎鼎名家，世传忠孝”

——（明）瞿式耜

人物简介

瞿式耜（1590—1650），字起田，号稼轩、耘野，又号伯略，江苏常熟人，明末诗人、官员，万历四十四年（1616 年）进士。崇祯十七年（1644 年），任右佥都御史巡抚广西，后桂王封他为临桂伯。清兵入广西，桂王奔登州，瞿式耜留守桂林，抗击清兵，城破被捕，不屈不挠，在桂林风洞山仙鹤岭下从容就义。

家书摘编

得汝昨年九月二十二日书，知家乡去年七月已遭蹂躏，家中寸筋不留，止剩空屋数间。汝母闻之，益添忧闷，吾虽百方解劝，而终是难开，缘其子女之念关切，知汝与若妹如此受苦。不容不肠断耳。

吾自念若非西抚出门，遭此劫中，自然性命不保。今天公委曲方便，留此一线余生，虽为靖逆受磨，而名节犹彰，残躯犹在。以视家乡被难者，相去何如？以此转自排拔。虽家中所有罄完，总以空华身外譬之，只汝等暨一门眷属无恙，便是大福矣！

可恨者，吾家以四代甲科，鼎鼎名家，世传忠孝，汝当此变故之来，不为避地之策，而甘心与诸人为亏体辱亲之事。汝固自谓行权也，他事可权，此事而可权乎？邑中在庠诸友，轰轰烈烈，成一千古之名，彼岂真恶生而乐死乎？诚以名节所关，死有甚于生者。死固吾不责汝，第家已破矣，复何所恋？不早觅隐僻处所潜身，而反以快仇人之志，谓清浊不分，岂能于八斗槽中议论人乎？别处起义，亦博一名，亦奉有旨，独我常熟起义，原做不成而反受累；受累矣，而又博不得一起义之名，岂不笑杀！痛杀！恨杀！

家书大意

为父收到你去年 9 月 22 日的家书，得知家乡已经惨遭敌人蹂躏，家中也被洗劫一空，只剩下几间空屋。你母亲得知后更加难过，为父虽然百般劝解，也不能让她减少一点点悲伤。她特别担忧子女安危，知道你们受了很大的苦之后，更是有断肠一般的痛苦。

为父若非被调往他地，遇上这次劫难只怕也是性命不保。现在为父还有一口气在，那么就还有名节在，不会向敌人屈服。虽然家乡遭敌人破坏，但家人都还平安，这也让为父很是庆幸。

让为父深以为恨的事情是，我们家是四代都有功名者，以忠孝传家，却不料你遇上此番乱世，不去想如何转移家人、保护家族，却甘心投靠敌人，做一些卖国求荣之事。你虽然自称这是“随机应变”，但其他事情可以“随机应变”，这种关乎忠孝的事情也可以吗？你那些同学朋友，值此国难当头之际，都选择了慷慨赴死，成就了千古不朽之英明，再看看你，你真是一个贪生怕死之徒！这是关乎名节的事情，为名节一死，远远重于不要名节而苟活。

家风故事

瞿式耜乃明朝末年一位爱国人物，在这封写给儿子的家书中，他担忧家人饱受战乱之苦，但绝不容许子女为了保全性命做出一些苟且偷生、有违忠孝乃至卖国求荣之事，因为这是他的家风。

如他在家书中所言，“吾家以四代甲科，鼎鼎名家，世传忠孝”，这是一个忠孝之家，国难当头之际，正是其报国之时。

“四代甲科”中的第一代，也就是第一位通过科举出仕的人，乃是瞿式耜的祖父瞿景淳，活动于明朝嘉靖皇帝时期。瞿景淳的科举成绩十分优秀，在殿试中被点为第二名，也就是仅次于状元的榜眼。出仕之后，他长期担任一些负责文字、礼仪工作的官职，看来朝廷只把他当成单纯的书生在任用。

瞿景淳并没有这样认为，他认为自己饱读圣贤之书，自然要有“治国平天下”之心，何况当时明朝衰败气象已经愈发浓重。那位嘉靖皇帝前期还算靠谱，后来就开始不务正业，沉迷于修道炼丹，朝政落入严嵩等奸佞手中，官吏腐败，天灾不断，外患加剧，国力大不如以前。瞿景淳一度将希望寄托在严嵩身上，曾经前去拜访，提出自己对于重振国势的种种意见。可叹那严嵩只是一个权臣，对于瞿景淳的话表面给予赞许，实际则是不加理睬。

到了“四代甲科”中的第二代，也就是瞿式耜的父亲瞿汝说时期，明朝迎来了一个中兴时期。当时的万历皇帝在名相张居正辅佐之下，实施一系列改革措施，国势为之一振。但在张居正去世之后，万历皇帝就失去了先前的睿智，开始沉迷酒色、荒怠政务，乃至有三十年不上朝的千古奇事出现。在此期间，明朝表面上还能以既存的官僚系统继续运转，实际上却是四分五裂，各种派系争斗不止。明朝之衰败，从此不可抑制。

瞿汝说就恰好见证了这样一个先令他踌躇满志、然后又令他万分失望的时代，他与万历皇帝几乎同岁，也活了差不多一样的年岁，所任官职多以教育为主，却写了一部名为《兵略纂闻》的书。此书在清朝被列为禁书，遭到焚毁，其中必然有涉及明朝末年北方国防，也就是对付清朝之前身后金国的内容。

再到“四代甲科”中的第三代，瞿式耜自己的时代，这个后金国已经在对明朝的战争中，逐渐占据上风，乃至有了席卷天下、改朝换代的趋势。

家风传承之下，瞿式耜虽为读书人，却有满腔报国志。他初入仕途，就遇上一个专权擅国的魏忠贤，还好此人不久就为崇祯皇帝所铲除。瞿式耜也从这位十八岁登上皇帝之位的年轻人身上，看到了几许再度中兴的希望。七月之中，他连上二十余书，提出了许多对于国势朝政的意见。

当年他的祖父瞿景淳去找严嵩提意见，后者虽然不予理睬，却也没有加以排挤打压。但到了瞿式耜这里，明明是给皇帝上的书，却都跑到了几个新的权臣手中。这些人本来被崇祯皇帝寄予厚望，提拔上来后却只顾拉帮结派、排斥异己、争权夺势，对于提了一大堆意见的瞿式耜，老大的不高兴，竟然无中生有，栽赃罪名，迫使其辞职回乡。

十余年后，北京城破，崇祯皇帝死。

杀入关内的后金已立起“清”的国号，开始以天下之主的姿态，铁蹄自北向南践踏而来。明朝残余力量，进行了近四十年的抵抗。

瞿式耜，一位被剥夺了职务的人，就是在此时，在忠孝家风的感召下再度站了出来，开始了他的抗清之战。

最初，立都于南京的弘光政权任命他为广西巡抚。其父曾写《兵略纂闻》，自然有一些军事方面的家学相传。在这种传承之下，瞿式耜看出了广西在抗清战争中可为一大基地，有心加以经营。到任之后，他整军经武，准备会同其他抗清力量一道北伐，恢复故土。

然而，明朝残余力量的内部却充满了种种毫无大局观念的愚蠢争斗，许多实力派人物不是想着驱逐外敌，却老是念着要铲除自己人，一些皇族后裔更是为了皇帝的名号大打出手。瞿式耜第一次面临生死考验，就正是拜一个意图称帝的皇族后裔所赐。

这种内耗严重削弱了抗清力量，面对清朝凌厉的攻势，明朝一个又一个残余政权覆灭。很快，战火就烧到了广西。

在此经营数年的瞿式耜沉着应战，连连击退清军。但逃到广西的残余政权皇帝朱由榔以及许多官员，却被清军吓破了胆，不思带头抗战，却忙着继续逃跑。瞿式耜深知此时连一个残余政权的皇帝都跑了，对于士气民心打击极大，便苦劝朱由榔，但劝到痛哭流涕也没用，朱由榔还反过来劝他一同逃走。

瞿式耜是不会逃的，在明知大势已去的情况下，他断去了生的念头，有了为忠孝而死之心。

于是朱由榔带着一帮官员逃了，留下瞿式耜以及一些不愿投降也不愿逃走，准备一同为忠孝而死的明朝子民。

众志成城之下，瞿式耜又多次击退清军攻势，局面一度好转，他也屡次请朱由榔回镇广西。可叹随着局面好转，存在于抵抗力量之中的内斗也加剧起来，一些权欲熏心之徒竟然嫉妒起瞿式耜的功绩，想方设法扯其后腿。

待到清军再度大举攻来时，内斗之中的明军开始纷纷溃灭。曾经的抗清局面不复存在，瞿式耜为此痛心疾首，更让他痛心疾首的是，家乡已经落入清军手中，他的子女为了保全性命，竟有人出任清朝官吏。

但他为人父，也能理解战乱之中家人的不易，故而在这封家书中，他虽然严加斥责，但开头却是一番忧心关切。

在这封家书送出后不久，瞿式耜便为清军所俘。他与他所仰慕的文天祥一样，誓死不屈，被俘四十日之后慷慨赴死。

“四代甲科”中的第四代，他的儿子瞿昌

文，曾被清军俘获，但得以中途逃走，并在四年后带着父亲的棺木回到了故乡，加以安葬。

因为即便在作为征服者的清朝看来，那些投靠于他们的明朝官吏也是卑劣低下之徒，他们也瞧不起。而瞿式耜这样忠孝传家、为国捐躯的人，才是值得敬仰的英雄。

清朝给予了瞿式耜一个谥号，以显褒扬："忠宣"。

这也是对其家风的褒扬。

31

“臣死忠、妻死节、子死孝”

——（明）任环

人物简介

任环(1519—1561)，字应乾，号复庵，山西长治人，明代抗倭英雄。他自小勤奋好学，饱读诗书，少年时代又拜师学武。嘉靖二十三年（1544年）进士。曾历任黄平、沙河、滑县三县县令，苏州府同知，按察佥事与苏松兵备道副总兵等官职。在江南任职期间，他率领军民奋起抗击倭寇，保境护民，立下了许多功勋。

家书摘编

儿辈莫愁，人生自有定数，恶滋味尝些有受用，苦海中来，必不是极乐国也。读书孝亲，无贻父母之忧，便是常常聚首，何必一堂亲人？我儿千言万语，絮絮叨叨，只是教我回衙，何风霜少，儿女情多耶。倭贼海毒，多少百姓不得安家，尔老子领兵，不能诛讨，啮毡裹革，此其时也。安能学楚囚对尔等相泣帷榻耶？

此后世事不知若何，幸而承平，则父子享太平之乐，愿做好人；不幸而有意外之变，只有臣死忠、妻死节、子死孝，咬紧牙关，大家成就一个“是”而已。汝母前，可以此言告之，不治多话。

家书大意

儿子不用发愁，人的一生命运自有安排，吃些苦有好处，苦尽甘来，才会领会幸福的真谛。发愤学习，孝敬父母，不让父母为自己担忧，时常在一起聚一下，如此就可以了，何必非要将大家都安排在一起居住？儿子你说了千言万语，目的只有一个，就是要让为父回家，这就有些过于小家子气了。现在倭寇正在荼毒中华沿海，不知多少百姓不得安宁，为父领兵，正是要将这些倭寇扫荡干净，值此关头，怎么能让为父回到家中，像犯人一样对着你们哭泣？

此后的世道还不知会变成何种态势，如果有幸归于太平，那么为父自当回来与你们享受平淡生活。如果不幸又有恶化，那么就只有做臣子以死捍卫忠义，做妻子以死捍卫名节，做儿子以死捍卫孝道，大家都要成就一个“是”字。在你母亲面前，你也可以将我的这些话告诉她。

家风故事

这是明代抗倭名将任环写给儿子的一封家书。从内容来看，应该是家人多次来信，要其回家探望。任环则告诉儿子，此时倭寇正在为祸，自己身为领兵军将，怎可顾小家而舍大家。

倭寇是明朝边患之一，主要是南方沿海海盗、不法商人与日本流亡武士勾结在一起形成的匪寇势力。在明朝国势强大的初期，倭寇不足为患，但到了明朝中晚期之后，随着朝政的腐败、军队战斗力的下降、地方官员能力的低劣，倭寇之患就开始愈演愈烈，甚至一度发展到几十人、上百人就能横行无忌的局面。

抗倭战争之中，昏庸无能之辈纷纷被淘汰，一批新的将领成长了起来，比如著名的戚继光，任环也是其中之一。与戚继光一样，任环也是出自将门世家，是在忠勇报国的家风熏陶下成长起来的。

任环之先祖任礼，跟随燕王朱棣南征北战，从普通士卒做起，依靠军功升到都督佥事。他戎马一生，既参与过平定内乱，也参与过打击外敌，立下了赫赫战功。因为战功巨大，他获得明英宗所赐金书铁券，也就是俗称的“免死金牌”。有明一代二百七十余年，“免死金牌”的获得者也不过一百五十位，由此可见任礼之地位。但他从不居功自傲，一直是廉洁奉公，并严训子孙，史称其“自起卒伍，至大将，恪谨奉法”。

任礼之后，又有其子任寿继承父亲的从军报国之志，镇守陕西，后来战死于沙场之上。任寿之子，也就是任礼之孙任弘，也是长期戍守边疆，因为战功被封为征西将军、宁夏总兵。

这种从军报国的家风世代相传，到了任环一代时，又有了新的变化，那就是从文。

一般来说，一个王朝开国初期，因为战争的频繁，尚武之风颇重，将门世家会比较多。而随着统治秩序的稳固、战事的减少，治天下成为重点，尚武之风逐渐让步于尚文之风，将门世家也相应减少，其中一些家族就会逐渐弃武从文。

以任环为例，他自幼所习，不是骑马射箭或者行军打仗的家学，而是四书五经的科举“必读书目”，看来这个家族到了此时，已有很明显的弃武从文趋向。但从军是报国，习文也是为了报国，只是路径不同，并非目的不同。何况任环并未忘记先祖事迹，自少年时期开始就拜师学武，练就一身功夫，同时广泛研读兵书，成长为一位文武双全的英才。

他是进士出身，最初在地方上负责民生事

务，虽然也颇有政绩，但终非将门之后一展所长之地。直到调至苏州，面对肆虐的倭寇，他才有了用武之地。

任环精通军事，自己又有一身好武艺，深知倭寇之凶很大程度在于明朝军队之糜烂。在得到上司支持后，他结合实战经验，选拔了数千名乡勇，严加训练，以守卫地方，配合军队作战。又从广西等地调来骁勇善战的少数民族士兵，编练成骑兵，作为机动打击力量。他还从民间富商那里募集资金，打造战船，对抗倭寇。

在战斗中，任环时常身先士卒，依靠个人的高超武艺痛杀倭寇，因此自己也时常身受创伤，以至于有性命之险。这就让远在后方的家人十分担忧了，于是传来许多家书，要在外多年的他回家去探望探望，实际上的意思，也就是劝他应该避险而处。

这种关切不能指之为自私，在抗倭战斗中，任环已经有一位儿子为国捐躯了。由此看来，任家的从军报国家风，在倭寇之祸的威胁下又得以激扬起来。而对于家人的担忧，负有丧子之痛的任环，在家书中回以“臣死忠、妻死节、子死孝”之言。

这不是在责备家人，而是在勉励他们，与自己一道，忠孝为国。

任环后来因为多年战伤而患上重病，以四十二岁之龄离世。

在他之后，任家子孙传承从军报国之家风，多有为国捐躯者。有史可载的最后一位，名为任承宠，他死于 1644 年，也就是明朝灭亡的那一年。

32

“惟有虏官不可为”

——（明）朱之瑜

人物简介

朱之瑜（1600—1682），明末清初学者，爱国人物。字楚屿，又作鲁屿，号舜水，汉族，浙江余姚人，明末贡生。清兵入关后，流亡在外参加抗清复明活动，后东渡日本，在长崎、江户（今东京）授徒讲学，传播儒家思想，很受日本朝野人士推崇。著有《朱之瑜集》。他和黄宗羲、王夫之、顾炎武、颜元一起被称为明末清初中国五大学者，并与王阳明、黄梨洲、严子陵称为余姚四先贤。

家书摘编

我离家三十三年，汝辈之生，尚不得知，况能育养成长。汝父教授餬口；前箬里堰杨姓者来，云我孙甚多，食指繁，则家道益致艰难矣。然汝曾祖清风两袖，所遗者四海空囊。我自幼食贫，虀盐疏布；年二十岁，遭逢七载饥荒，养赡一家数十口，无有不得其所者。汝伯祖官至开府，今日罢职，不及一两月家无余人。宗戚过我门者，必指示人曰：“此清官家”；以为嗤笑，非赞美之也。岂但我今日独薄于汝辈；勿怨可也。

我今年七十八岁，衰惫不可胜言；思欲得一子孙，朝夕侍奉。汝父虽无恙，年将六十，不可远行；且又一家资以为生者。汝兄弟中，择一性行和顺、举止端谨者来。有才者不可来，留以力养父母、主持家门。年十五六以上，即可。

汝辈既贫窘，能闭户读书为上；农圃渔樵，孝养二亲，亦上也。百工技艺，自食其力者，次之；万不得已，佣工度日，又次之；惟有虏官不可为耳。古人版筑鱼盐，不亏志节；况彼在安平无事之时耶！发黄齿豁、手足胼胝，来亦无妨。汉王章为京兆尹，见其子面貌蠢恶、毛发焦枯，对僚属便黯然销声；我则不然也。为贫而仕，抱关击柝，亦不足羞；惟有治民管兵之官，必不可为！既为虏官者，必不可来。既为虏官，虽眉宇英发、气度娴雅，我亦不以为孙。凡事但禀命十七叔公同汝外祖而行，亦须各讨一亲笔书以为验；勿谓我无书遂不答也。

家书大意

我离开家乡已经三十多年，连你们的出生都不知道，更谈不上有什么养育之恩。家乡的人见到我，告诉为父儿孙都很多，人一多，那么家庭开支就不小，家境恐怕就更加紧张了吧。但你们的先祖都是两袖清风，并未留下多少家财。我也是自幼长于贫寒，二十岁时还遭遇了大饥荒。以前许多族人路过我家家门，都会指着嘲笑道："这就是清官的家。"所以家庭穷困的原因并非在于为父，而是在于这是我家家风，向来如此。

我今年已经年近八十，身体和精神都十分衰弱，希望能有一个儿孙前来照顾。我的儿子也是年近六十的老人，虽然身体无病，但也不适于远来照顾我，何况他还承担着一家的生计。那么就从孙辈之中选一个孝顺谦恭的人来吧，年纪十五六岁就够了。有本事的人不用来，应该留在家中发挥更大的用处。

既然家境贫穷，那么就应该发愤读书，此为上策；辛勤劳动，养家糊口，这也是上策；学习手工技术，外出赚钱，则次于上策；实在不行，就去给别人做工；但绝对不能投靠清廷去当官。古人为了保全名节，不惜放下身段去从事一些低贱职业，何况你们如今还算生活得平安无事。即便将来有机会再见，你们因为穷困而显得面黄肌瘦，我也绝不会有难过之感。如果有做了清廷官吏的子孙，即便他显得多么的不可一世，我也绝不与之相见。

家风故事

这是明末学者朱之瑜写给子女的一封家书。值得注意的是，此时朱之瑜并没有在华夏大地，而是流亡在日本，故而家书中才会有“离家三十三年，连子女何时出生、如何长大都不得而知”的说法。

之所以如此，又与明末清初的动荡历史大背景有关，更与朱之瑜的家风有关。

朱家居于浙江余姚，此地在明清时期属于江南富庶之地，有许多豪门望族，官宦世家也不少。

但朱家例外。

按照族谱记载，朱家先祖在宋代多有出仕为官者，但到了明代，世代基本上都是隐居乡间、耕读传家。与官场的长期绝缘，带来的就是经济上的拮据，以世俗的标准来判断，朱家在当地只能算是一个寒门，却是一个文脉不断、坚韧独立的寒门。

朱家世代治学，朱之瑜的曾祖父、祖父都以

学问著称于世，其中祖父朱孔孟多次受到朝廷的注意，要征召他进京为官，但都被他拒绝，原因就在于权臣、宦官交替专权的朝堂，并不能让他有机会一展读书人匡济天下的理想，与其贸然而入、获罪而归，不如不去。

朱之瑜的父亲朱正，倒是有过科举考场上的尝试，但未能成功，因为贫病交加，以四十四岁的年龄匆匆离世，此时朱之瑜不过八岁。正值壮年的父亲离世，对于一个寒门而言，打击十分沉重，很快朱之瑜的一位兄长也夭折于贫病之中。

但贫病并非只给朱家带来悲剧，艰难困苦也锻炼了朱家的子孙，让他们养成坚韧独立的人格，同时珍视学习的机会。朱之瑜的兄长朱启明就是这样一位人物，他不仅文才出众，还有武艺，十几岁年纪就挑起一家生计重担，后来还考上了武举，获得五品军职。当时正值明朝末年战乱四起，从军为将有着许多“潜在好处”，一些人便是以此为途，谋取好处，但朱启明没有，正如朱之瑜在这封家书中所言，在他被罢免后，失去朝廷俸禄，就连家人都养不活，以至于有世俗之徒路过时嘲笑："这就是清官的家。"

朱之瑜自幼就在兄长督促下苦读勤学，后来又得以拜于一些名师门下。这些名师与一般只知做八股文的腐儒不同，都是一些忧国忧民的学者，主张"经世致用"，即将学问用于实际的治国理政。

跟随名师学习数年之后，朱之瑜也开始有了才名，并被当地官员以"文武全才第一"的名号推荐到朝廷，朝廷也连连前来征召。但朱之瑜看出了明朝衰亡也是大势，"世道日坏、国是日非、官为钱得，政以贿成"，像他这样的人，与祖父一样，是不可能被容于官场的。他曾告诉家人，自己如果做官，至多做几年，为什么呢？最开始做官，政绩必然出色，然后必然得到朝廷赏识，提拔重用，再然后必然因为直言进谏而获罪，然后连累家人。

与其这样，不如不做。这并非明哲保身，而是报国无门的无奈。在朱之瑜说出此番话语后不到十年，明朝首都北京就宣告陷落，随后残余力量开始在南方继续建立政权，史称为"南明"。

南明王朝原本具有恢复失地的实力，但构成这个王朝的力量来源多为一些各怀鬼胎的军阀，内斗是他们的主要事业，复国反而成了次要目标。这个王朝相比于此前的明朝，更不能让朱之瑜为之效命。故而，当南明的权臣派人来征召他时，一连三次都加以拒绝。

但他并未就此置身事外，“两耳不闻窗外事，一心只读圣贤书”，而是以一个民间学者的身份，到暹罗（今泰国）、安南（今越南）等地，号召那里的华商捐款，以作为南明王朝抗清的军饷。

这是一个辛苦而危险的工作，时常穿行于风浪滔天的大海之上，还有清朝军队的盘查，朱之瑜一做就是十几年。其间他曾被清朝军队捕获，敌人威逼他投降，他则是毫无惧色，口诵忠孝之义，诵到敌将大为震撼，竟然将其当场释放。

后来南明王朝内斗日益炽烈，力量大为损耗，难以抵挡清军的攻势，一个又一个“皇帝”被俘、被杀，一个又一个将军大臣俯首称臣。并无正式官职的朱之瑜，却自愿前往日本，希冀能从统治这个国度的德川幕府那里借得兵马，以助南明。当时德川幕府实行闭关锁国制度，外来船只未经许可连靠岸都不允许，更无意于外事，朱之瑜搬救兵的努力未能成功，他就再去作努力。

一连三次，都以失败告终，但他的精神，却因此受到一些日本人的尊敬，并为后来的故事埋下了伏笔。

在郑成功扛起反清大旗的岁月中，朱之瑜一度成为其麾下一位幕僚，并对光复失地充满了信心。在郑成功也遭遇失败，不得不退居台湾之后，朱之瑜终于接受了一个残酷的现实——明朝已亡。

但如他在家书中所言，即便明朝亡了，他也是明朝的遗民，他不会做清朝的子民，更不会做清朝的官。

此时他已年过六十，眼见故土纷纷落入清军手中，自己还有哪里可以去呢？他的目光再次望向了日本。

随后，他最后一次东渡日本，在那些仰慕他的日本人士奔走之下，获得德川幕府特许，定居在异国土地上。敬重于他的人品与学识，德川幕府又聘其为国师，从此明朝儒学思想就开始在日本传播开来。

但朱之瑜始终未能忘记自己那已经不存在的故国——明朝，以及那些生活于征服者统治之下的家人，因此他在日本为自己另取了一个名字——舜水，意为“家乡的河”。

他如先祖一样，秉持家风，一生贫寒，未曾做官，但又长期为国而忧，以至于最后为了保全气节，忍痛离开故土，流亡异域。

图书在版编目(CIP)数据

家书中的家风故事/匡济编著 .—北京：中国方正出版社，2022. 1

ISBN 978-7-5174-0819-2

Ⅰ. ①家…　Ⅱ. ①匡…　Ⅲ. ①家庭道德—中国—通俗读物　Ⅳ. ①B823. 1-49

中国版本图书馆 CIP 数据核字（2020）第 084522 号

家书中的家风故事

JIASHU ZHONGDE JIAFENG GUSHI

匡　济　**编著**

责任编辑： 陈金华
责任校对： 周志娟
责任印制： 李惠君

出版发行： 中国方正出版社
(北京市西城区广安门南街甲 2 号　邮编：100053)
发行部：（010）66560936　门市部：（010）66562733
编辑部：（010）59594614　出版部：（010）59594625
网址：www. lianzheng. com. cn
责编 E-mail：cpicjh@ 126. com
经　　销： 新华书店
印　　刷： 北京中科印刷有限公司

开　　本： 787×1092 毫米　1/32
印　　张： 11
字　　数： 144 千字
版　　次： 2022 年 1 月第 2 版　2025 年10月北京第 13 次印刷
（版权所有　侵权必究）

ISBN 978-7-5174-0819-2　　　定价：45. 00 元

（本书如有印装质量问题，请与本社发行部联系）